Friedrich Armand Strubberg

Aus Armand's Frontierleben

Friedrich Armand Strubberg

Aus Armand's Frontierleben

ISBN/EAN: 9783743300620

Hergestellt in Europa, USA, Kanada, Australien, Japan

Cover: Foto ©ninafisch / pixelio.de

Manufactured and distributed by brebook publishing software
(www.brebook.com)

Friedrich Armand Strubberg

Aus Armand's Frontierleben

Von demselben Verfasser sind bereits erschienen:

Bis in die Wildniß.

Roman in 4 Bänden.

(Verlag von **Eduard Trewendt** in Breslau.)

Jagd- und Reise-Abenteuer.

Mit 24 von dem Verfasser selbst nach der Natur

entworfenen Illustrationen. 1 Band.

(Verlag von **J. G. Cotta** in Stuttgart.)

Alte und neue Heimath.

Roman in 1 Band.

(Verlag von **Eduard Trewendt** in Breslau.)

Scenen aus den Kämpfen

der

Mexicaner und Nordamerikaner.

Historischer Roman in 1 Band.

(Verlag von **Eduard Trewendt** in Breslau.)

Carl Scharnhorst.

Jugendschrift mit Illustrationen.

1 Band.

(Verlag von **Carl Rümpler** in Hannover.)

~~~~~~~~~~

Ralph Norwood.

Roman in 5 Bänden.

(Verlag von **Carl Rümpler** in Hannover.)

Schwarzes Blut,

oder:

Sclaverei in Amerika.

Roman in 3 Bänden.

(Verlag von **Carl Rümpler** in Hannover.)

An der Indianergrenze.

Roman in 4 Bänden.

(Verlag von **Carl Rümpler** in Hannover.)

Der

Sprung vom Niagarrafalle.

Roman in 4 Bänden.

(Verlag von Schmorl & von Seefeld in Hannover.)

In Mexico.

Historischer Roman in 4 Bänden

nebst einen Anhang:

Gedichte aus den Cordilleren.

(Verlag von Schmorl & von Seefeld in Hannover.)

Saat und Ernte.

Historischer Roman in 5 Bänden.

(Verlag von E. J. Günther in Leipzig.)

~~~~~~~

Friedrichsburg,

die Colonie des deutschen Fürsten-Vereins in Texas.

Roman in 2 Bänden.

(Verlag von Friedrich Fleischer in Leipzig.)

Aus

Armand's Frontierleben.

Aus

Armand's Frontierleben.

Von

Armand.

Der Verfasser behält sich das Recht der Uebersetzung vor.

Dritter Band.

Zweite Ausgabe.

———◦◦◦◦◦❈◦◦◦◦◦———

Hannover.
Carl Rümpler.
1868.

Druck von Gebr. Gotthelft in Cassel.

Leonide.

Inhalt des dritten Bandes.

Leonide.

Die drei Haushälterinnen.

Ein Wilder.

Einundzwanzigstes Capitel.

Während man vergnügt unter der Veranda beim Kaffee saß, begann der Himmel sich mit Gewölk zu bedecken, welches von Norden her gezogen kam.

Armand hatte schon einige Zeit den Wolken seine Aufmerksamkeit geschenkt, als er sagte:

Ich glaube, wir werden ein tüchtiges Gewitter bekommen noch ehe wir zur Ruhe gehen; es wird uns wohlthuen, denn die Luft ist schwer und drückend.

Hoffentlich erhalten wir etwas davon, versetzte Davis, das Gras bedarf des Regens sehr, und meine Kühe zerstreuen sich schon weit in den Wald, um saftiges Futter zu suchen.

Nun, diese Wolken sollen uns schon genug bringen; ich möchte heute Nacht nicht unter einem Baume liegen, antwortete Armand.

Und wie man prächtig schlafen wird, nachdem es sich abgekühlt hat, fiel Ellen ein, nicht wahr, Bräutchen, — so fest, daß ein Auge das andere nicht sieht?

Leonide sagte Nichts und schmiegte sich an Armand, der seinen Arm um ihren Nacken gelegt hatte, und der jetzt dem Gespräche eine andere Richtung gab.

So schwer aber die Wolken sich auch am Himmel sammelten, so vereinigten sie sich doch nicht, sondern ließen die Sonne immer noch von Zeit zu Zeit einen Blick zwischen ihnen hin auf die Erde werfen, und je näher dieselbe zu ihrem Bett hinabsank, desto farbenreicher, desto feuriger erleuchtete sie die weichen Außenlinien der Wolkenmassen. Wie feindliche Heereshaufen jagten sich diese vor dem glühenden Purpur des Abendhimmels, und kämpften, übereinander hinrollend, immer zahlreicher, immer gewaltiger, bis sie das letzte Roth verdeckten und noch schwereres, schwärzeres Gewölk eilig von Norden herangezogen kam. Zugleich wurde von dorther ein dumpfes Brausen und Sausen hörbar, und ein heftiger Wind begann die Wipfel der Bäume zu schütteln.

Jetzt wird es Ernst, sagte Armand, nach dem schwarzen Himmel aufschauend, lange wird unseres Bleibens hier unter der Veranda nicht sein.

Da kam Zephyrine, die Hirschkuh Leonidens, durch

den Garten herangesprungen, und schmiegte sich an ihre Herrin, als suche sie bei ihr Schutz vor dem nahenden Unwetter.

Leonide legte schweigend ihren Arm um den schlanken Hals des Lieblings, schmiegte sich aber selbst fest an die Brust Armand's.

Wenn nur der arme Königstein schon zurück wäre, fuhr Armand fort, es wird schon sehr düster, und wenn ihn ein tüchtiges Hagelwetter ereilt, so dürfte er mit seinem Falben einen schweren Tanz zu bestehen haben es ist ein unbändiges Thier.

Wahrhaftig, dort kommt er, sagte Armand plötzlich nach kurzer Pause, und zeigte nach dem Walde hinauf, — aber unter Sporn und Peitsche — was soll das bedeuten?

Bei diesen Worten war er aufgesprungen, und schritt nach der Gartenthür, um Königstein zu empfangen, der in fliegender Carriere herangerast kam, als ob der Böse selbst hinter ihm wäre.

Indianer — Indianer! schrie der Heranjagende mit aller Gewalt seiner Stimme, und Alle unter der Veranda sprangen entsetzt von ihren Sitzen auf.

Was sagen Sie, Königstein? rief Armand ihm entgegen.

Eine Meile von hier habe ich einen Kriegszug von

Indianern gesehen, sie schienen mir dieselben zu sein, die Sie damals bis nach dem Fort verfolgten, antwortete Königstein, sich vom Pferde werfend, ich fürchte sie haben nichts Gutes vor.

Indianer hier — ein Kriegszug? fragte Davis erschrocken.

Ja, ein Kriegszug, denn sie hatten sämmtlich Lanze und Schild bei sich und schienen sich zu berathen, während ihre Pferde grasten, fuhr Königstein fort. Ich war abgestiegen, um mich an einen Hirsch anzuschleichen, und erreichte die Höhe eines Hügels, als ich in kurzer Entfernung in der Tiefe die Indianer gewahrte.

Wer kann wissen, was sie vorhaben, versetzte Armand rasch und entschlossen, jedenfalls ist es gut, wenn wir vorsichtig sind und unsre Waffen in Bereitschaft halten. Ich habe leider nicht viele Kugeln zu meiner Büchse vorräthig.

Und auch ich werde nicht viel Vorrath davon besitzen, bemerkte Davis, aber starkes Schrot muß ich noch haben.

Die Frauenzimmer hatten sich ängstlich um die Männer gedrängt, und Leonide hielt bleich und bebend den Arm des Geliebten in dem ihrigen.

Nur schnell, gehandelt muß werden, ehe uns die Bande überrascht, sagte Armand hastig, suchen Sie alle

Ihre Munition und Ihre Gewehre zur Hand, lieber Davis, ich will sämmtliche Neger in das Haus rufen, damit sie in Sicherheit kommen.

Dabei ließ er Leoniden's Arm los und sprang nach den Negerhütten hin, während Davis und Königstein mit den entsetzten Frauenzimmern in das Haus eilten. Bald 'darauf fand sich auch Armand, von Jago, dem alten Simeon und zwei Negerburschen, welche sämmtlich sich bewaffnet hatten, begleitet, und von den Negerweibern und Kindern gefolgt, in dem Hause ein, und Joe ging mit hochgehobener Ruthe an seiner Seite, als habe er seinem Herrn angesehen, daß es ein ernster Augenblick sei.

Die Negerinnen mit ihren Kindern wurden nun in die Bodenkammern verwiesen, die Damen begaben sich in das obere Stock nach Leoniden's Zimmer, und die Männer, nachdem sie die Hausthüren verschlossen hatten, vertheilten sich mit ihren Gewehren an den Fenstern.

Armand war noch bei den Damen in Leoniden's Gemach, als der schwarze Himmel sich plötzlich in ein Feuermeer verwandelte, ein Heer von Blitzen rund um denselben sprühte und zuckte, und eine Salve von Donnerschlägen das Haus in seinen Grundmauern erbeben ließ.

Zugleich aber fuhr ein Sturmwind gegen das Gebäude, daß es in allen Oeffnungen desselben pfiff und

heulte, und die leichten Vorhänge in Leoniden's Gemach
an der einen Seite wie gespenstige Gestalten sich in dasselbe
hineinstreckten an der andern Seite aber weit aus den
Fenstern hinauswehten.

Ach Armand — der Sturmgott mit seinem Donner
und Blitz! schrie Leonide heftig zusammenfahrend, und
drückte sich zitternd in seinen Arm.

Es ist ja Nichts, Herzenskind, ein Gewitter, wie
wir schon hundert gesehen haben, antwortete Armand be-
ruhigend, wir wollen nur die Fenster an dieser Seite
schließen.

Dabei trat er an eines derselben und drückte es
zu, als in demselben Augenblick ein durch Mark und
Bein dringendes Geheul von den Negerhütten her erschallte, und die dunkeln Gestalten von Indianern in
dem Düster der hereinbrechenden Nacht dem Hause zu
geschwärmt kamen.

Leonide, wo bist Du? Toscalor der Vater Deiner
Mutter Kionata ruft Dich! schrie es plötzlich mit Geheul und Sturm übertönender Stimme, abermals um-
zuckten hundert Blitze den Himmel, und abermals fiel
der Donner wie ein Erdbeben auf das Haus, daß es in
allen seinen Fugen erdröhnte.

Armand — rette mich! stieß Leonide jetzt mit einem
herzzerreißenden Schrei aus und klammerte sich krampf-

haft um dessen Nacken, da blitzten und krachten Gewehr-
und Büchsenschüsse aus den Fenstern des Hauses unter
die stürmenden Wilden und wurden mit Geheul und
Wuthgebrüll beantwortet.

Ich lasse Dich nicht, Armand! schrie Leonide, als
dieser sich ihren Armen entwinden wollte, ich lasse Dich
nicht, ich sterbe an Deiner Seite!

Da dröhnten Axtschläge gegen die vordere Thür des
Hauses, und nach wenigen Augenblicken hörte man dieselbe zerbrechen.

Zugleich erschallte ein teuflisches Triumphgeheul in
der Hausflur, und Büchsen- und Pistolenschüsse krachten
dazwischen.

Da riß Armand sich los von der Geliebten, zog
einen Revolver aus dem Gürtel, ergriff mit der Rechten
die Holzaxt, die er neben der Thür hingestellt hatte, und
sprang aus dem Zimmer und mit fliegenden Sätzen die
Treppe hinab.

In diesem Augenblick drängte die Besatzung des
Hauses, Königstein an ihrer Spitze, die Wilden mit
Schüssen und Axthieben aus dem Corridor auf die Veranda
hinaus, wo dieselben mit ihren heranstürmenden Kameraden unter dem wildesten Kriegsgeschrei sich wieder zu
einem neuen Angriff sammelten, während Blitz und Donner

sich unaufhörlich folgten, und der Sturm brausend und pfeifend über das Haus hinfegte.

Armand feuerte mit seinen Freunden die Thür erreichend, seine Revolverschüsse in den dicht zusammengedrängten Haufen der Indianer, und sprang nun, seinen Hund auf sie hetzend, mit hochgeschwungener Axt auf sie zu.

Sofort hatte Joe den Vordersten der Wilden an dem Halse erfaßt und riß ihn nieder, da schrie der Häuptling von dem Ende der Veranda her, daß es den Sturm und das Geschrei seiner Krieger übertönte:

Leonide — wo bist Du, Toscalor ruft Dich!

In diesem Augenblick feuerte Davis mit seinen Negern und mit Jago zwischen die Feinde und trieb sie nach der andern Seite der Veranda, Armand aber wandte sich der Stimme des Häuptlings zu, und sah ihn mit erhobener Streitaxt zwischen den ihn umgebenden Kriegern hervorstürzen.

Hierher, Mörder meines Sohnes, gellte ihm Toscalor entgegen, und rannte auf ihn ein, da schoß Königstein an Armand vorbei, und warf sich mit dem Jagdmesser in der Hand auf den Alten; doch dessen Axt fiel und schmetterte den Kolonisten zu Boden.

Es war ein Augenblick des Entsetzens für Armand den geliebten, treuen Freund zusammensinken zu sehen, seine Axt aber sollte ihn rächen, sie schwirrte durch die Luft, um dem nächsten Hieb des Häuptlings zuvorzukommen, als Leonide im weißen Gewand an ihm vorüberflog, und mit einem herzzerreißenden Schrei Toscalor in den Arm fiel.

Leonide! rafte Armand, zu Tode entsetzt, und wollte sie erfassen, doch in demselben Augenblick sprühte das Feuer im hin und her zuckenden Blitz vom Himmel herab vor ihm nieder, und ein Donnerschlag, als stürze die Welt zusammen, machte die Erde erbeben.

In dem blendenden Lichte des umherspritzenden Feuers sah Armand die weiße Gestalt der Geliebten in den Armen Toscalors niedersinken, seine eignen Sinne schwanden, und zurücktaumelnd, brach er selbst vor dem Eingange in das Haus zusammen.

Eine Todtenstille folgte auf Blitz und Donnerschlag, wie erstarrt standen die Kämpfenden für einige Augenblicke da, dann aber rannten die Indianer in wilder Flucht mit dem gräßlichsten Geheul davon, so daß es weit noch durch den Sturm erschallte.

Nur wenige Minuten hatte Armand betäubt gelegen, als er sich aufraffte und mit dem ersten Blick nach seinem Gegner um sich spähte, die Feinde aber waren verschwunden, und seine Freunde standen unweit von ihm über eine weiße Gestalt hingebeugt, die zwischen ihnen auf dem Boden lag.

Leonide — Leonide! schrie Armand wie von der Hand des Todes erfaßt, und stürzte zu ihr hin, da lag sie, von Toscalor umschlungen, wie dieser, eine Leiche — der Blitz hatte sie Beide erschlagen.

Bleich und starr wie ein Marmorbild lag sie da mit halbgeschlossenen Augen, und der letzte Schimmer des scheidenden Tageslichtes zeigte an ihren Lippen eine blutige Spur, und auch der Busen ihres weißen Gewandes war mit diesem Purpur gefärbt.

Wie Wahnsinn erfaßte es Armand beim Anblick der Geliebten, mit einem durch Mark und Bein dringenden Schrei warf er sich bei ihr nieder, hob sie an seine Brust und preßte seine Lippen auf ihren blutigen Mund — todt — todt aber war Leonide — dahin das Glück seines Lebens.

Auf seinen Armen trug er sie hinauf in ihr Zimmer und legte sie auf das zum Hochzeitsfest geschmückte Lager, alle Versuche aber, ihre Seele in ihre schöne Hülle zurückzurufen, blieben vergebens.

Tag und Nacht saß Armand vor dem hochzeitlich geschmückten Todtenbett, hielt die kalte Hand der Braut mit der seinigen umfangen und seinen thränenschweren Blick auf ihre geschlossenen Augen geheftet.

Am zweiten Morgen aber legte er sie in den Sarg, umkränzte ihr schönes Haupt mit Laub der Magnolie, die so oft Zeuge ihres Glücks gewesen war, und bestattete sie dann in deren Schatten zur Erde.

Eine Woche später lenkte Armand seinen Hengst wieder der Wildniß zu, Königstein, dessen schwere Wunden auf Wange und Brust ihm kaum noch erlaubten, zu Pferde zu sitzen, ritt an seiner Seite und Joe mit Zephyrine, der Hirschkuh Leoniden's, folgten ihnen langsam nach.

Da lagen nun wieder alle Hoffnungen, alle Glücksträume zertrümmert hinter Armand, und vor ihm der einzige Trost, der einzige Balsam in seinem Leid, seinem Weh, seinem Schmerz — die Einsamkeit!

Die drei Haushälterinnen.

Erstes Capitel.

Im fernen Westen der Vereinigten Staaten von
Nordamerika, in jenem weiten, östlich von dem Rio
Grande gelegenen Landstriche, um dessen Besitz die
Amerikaner und Mexikaner so lange Zeit sich gestritten
und welcher endlich die Veranlassung gab, daß Mexiko
von den Vereinigten Staaten mit Krieg überzogen und
schließlich durch deren Heer unter General Scott erobert
wurde, stand auf dem hohen Ufer der reizenden Leone
ein einsames Fort, eine aus Baumstämmen erbaute
Festung, welche einem Deutschen, einem Arzte Namens
Armand, ihre Entstehung verdankte. Derselbe hatte sie
in der Zeit erbaut, in welcher das Land sich noch in
dem unumschränkten Besitze wilder Indianerstämme befand, und wo die nächste Behausung eines weißen
Menschen wohl noch hundert Stunden weit von ihr
entfernt lag.

Drei Männer, gleichfalls Deutsche, hatten mit ihm die Besatzung des Forts gebildet; sie hatten sich während einer Reihe von Jahren unter einander in alle Arbeiten getheilt, hatten sich treulich in den vielen sie umgebenden Gefahren beigestanden, und hatten alle Beschwerden und Entbehrungen dieses einsamen, von der Welt abgeschiedenen Lebens freudig zusammen getragen und zusammen in dem Ueberflusse, in den Genüssen geschwelgt, welche die Natur ihnen hier in so mannigfacher Weise bot. Gemeinschaftlich hatten sie im Schweiße ihres Angesichts mit oftmals blutenden Händen die hohe Mauer von aufrecht stehenden, tief in die Erde gegrabenen, starken Baumstämmen errichtet, hatten innerhalb derselben Blockhäuser erbaut, am Fuße des Hügels, auf dem das Fort stand, einen kleinen Garten und ein Maisfeld geschaffen, und hatten Abends, wenn ihre vielen grimmigen Hunde außerhalb Wache für sie hielten, hinter verschlossenem Thore traulich in dem Speisezimmer zusammen gesessen, Kleidungen und Schuhe aus Hirschfellen verfertigt, Waffen und Geräthe ausgebessert, und in munterer Unterhaltung die vielen hier in der Wildniß bestandenen Abenteuer wieder und wieder besprochen, so wie der Zeiten gedacht, in denen sie noch die Freuden des civilisirten Lebens aus vollem Becher tranken.

Die Civilisation aber war ihrer längst verwischten

Spur gefolgt und hatte die beglückende Einsamkeit um
sie verscheucht; Ansiedler hatten sich in ihrer Umgebung
niedergelassen, die verheerende Axt hatte Wälder nieder-
gestürzt, der scharfe Pflug hatte die jungfräuliche Erde
aufgewühlt, und kleine Farmen und große Plantagen
waren wie durch einen Zauberschlag entstanden.

Das Leben Armand's und seiner Gefährten mußte
in gleichem Maße, wie die Cultur in der Umgegend
Fuß faßte, eine andere Gestalt annehmen; die beengenden
Wände der Festung verloren durch das Wegziehen der
Wilden aus dieser Gegend ihren Zweck; die Jagd, die
sie so mühelos mit einem Ueberflusse an reichen Lebens-
mitteln versehen hatte, war nicht mehr einträglich und
lohnte ihnen nicht die Zeit, die sie darauf verwenden
mußten; die Entbehrungen, welchen sie sich mit Lust
unterzogen hatten, waren unnöthig geworden; die
Kleidungen, die sie mit so vielem Vergnügen verfertigt
und getragen hatten, paßten nicht zu den modischen
Trachten, womit Newyork und New-Orleans die Bewohner dieses aufblühenden fernen Landes versorgten,
und das Ziel ihres bisherigen Lebens: Friede, Sorg-
losigkeit und Unabhängigkeit, war hier nicht mehr zu
erreichen.

So war es denn gekommen, daß die drei Gefährten
Armand's ihn verließen, und ein jeder Einzelne von

ihnen sich eine eigene Heimath gegründet hatte, während er selbst auf dem bedeutenden Landstriche, auf welchem das Fort stand und den er als Eigenthum an sich ge= bracht hatte, verblieben war.

Er wohnte aber nicht mehr in der alten hölzernen Festung; dieselbe stand jetzt verlassen und zerfallend auf dem Hügel hoch über den schäumend brausenden Wogen der krystallklaren Leone und schaute über die endlosen, ewig grünen Grasfluren im Süden und über den zum Himmel aufstrebenden Riesenwald an der Nordseite des Flusses, ein Denkstein an den ersten Weißen, der dieses Land bewohnte, und für Armand selbst ein Anhalts= punkt seiner Erinnerung an die glücklichen Tage der Ruhe und Zufriedenheit nach den schweren Lebensstürmen, die ihn hieher verschlagen hatten.

Eine halbe Stunde weiter am Flusse hinab, im Angesichte der alten Burg, stand auf einem üppig be= waldeten Hügel im dunklen Schatten saftig grüner Magnolien, Lorbeern, Myrten und Cypressen sein neues, schönes Wohngebäude, umgeben von reizenden Park= und Gartenanlagen und gekühlt von vielen aus der Erde hervorsprudelnden kolossalen Quellen, deren kalte Gewässer sich unter den schattigen Bäumen vereinigten und als lustig brausender Bach den Hügel hinab in die Leone stürzten.

Das Haus war durch einen amerikanischen Bau-
unternehmer aus Holz gebaut worden, von außen mit
Oelfarbe sauber angestrichen, im Innern mit Gyps
getüncht, die blendend weißen Wände zum Spiegeln
polirt und die Fußböden sorgfältig abgeschliffen. Ein
geräumiger Kreuzgang theilte es in vier gleiche Theile,
und auf allen vier Seiten befand sich unter der kühlenden,
rundum laufenden Veranda ein Eingang, so daß der
Luftzug stets ungehindert das Haus durchströmen konnte.

Die Zimmer waren nach dem neuesten Newyorker
Geschmacke ausgestattet und möblirt, schöne Bilder und
Spiegel zierten die Wände, und aller Comfort der
Civilisation war darin eingekehrt.

Dessen ungeachtet hatte Armand's Leben immer
noch viele Anklänge aus der Zeit, wo diese Länder eine
Wildniß waren; noch immer beschlug er mit eigener
Hand sein altes, treues Jagdpferd, noch immer schlief
er auf einer gegerbten, seidenlockigen, riesigen Büffelhaut
wenngleich sie jetzt auf einer kostbaren Bettstelle von
Mahagoniholz ausgebreitet lag, und noch immer nähete
er selbst den Knopf an seine Kleidung, wenn ein solcher
sich davon abgelöst hatte.

Einen wesentlichen Schritt aber hatte er allerdings
in der Cultur vorwärts gethan: er hatte die Führung

2 *

seiner häuslichen Angelegenheiten der sorgenden Hand eines weiblichen Wesens übergeben.

Es würde zu viel gesagt sein, wenn man behaupten wollte, daß dieses zarte Individuum dem Engelsgeschlechte angehört habe; dem war nicht so. Nicht etwa aber, weil ihre Haut die schwarze Farbe trug — denn warum sollte es nicht eben so gut schwarze Engel wie schwarze Menschen geben — sondern weil im Allgemeinen ihre Formen nicht vollkommen den Anforderungen entsprachen, welche an die Erscheinung dieser ätherischen Wesen gemacht werden.

Sie war, um auf den poetischen Namen Engel Anspruch machen zu können, offen gesagt, von der Natur zu freigebig mit Wohlbeleibtheit bedacht worden, und wenn auch auf ihren weit entfalteten Schulterflächen hinreichend Raum für ein Flügelpaar vorhanden gewesen wäre, so würde ein solches von gewöhnlichem Format wirklich nicht ausgereicht haben, sie auch nur einen Zoll hoch von der Erde, auf der sie stand, emporzuheben.

Schon seit vielen Jahren war sie des Vergnügens beraubt gewesen, einen Blick auf ihre Fußspitzen thun zu können, weil die übergroße Fülle ihrer Gestalt keine bedeutende Biegung zuließ und weil bei vermehrter Anstrengung, in stehender, sitzender oder liegender Stellung ihren kurzen Nacken nach vorn zu zwängen und ihre

Füße emporzuheben, die vorderen Partieen ihrer irdischen Hülle sich immer gewaltiger durch die Sehlinie von ihren Augen nach ihren Fußspitzen hervordrängten.

Ihr anspruchsloser Name war Suky, ihr Alter war unbekannt, doch ihren eigenen Erinnerungen und ihren reifen, vollkommen ausgebildeten Formen nach mußte sie schon das halbe Jahrhundert begrüßt haben. Ihre Kleidung war einfach und ihren Verhältnissen, ihren Beschäftigungen, so wie ihrer Bequemlichkeit angemessen. Sie trug nur ein Gewand von ursprünglich weißem Baumwollenzeuge, welches die Rauchfarbe ihrer Welt, der Küche, angenommen hatte, und welches, wenn es auch nicht den reizenden, verführerischen Schnitt der römischen Toga trug, doch mit einer gewissen leichtsinnigen Unbekümmertheit um ihren körperlichen Reichthum hing. Dasselbe war sehr weit und geräumig ausgeschnitten, so daß es keine ihrer Bewegungen hinderte; seine Aermel waren so zu sagen Null vorhanden und seine Länge wahrte jeden Anstand, so wie sie zugleich der Luft ein freies Spiel um die mächtigen unteren Gliedmaßen der Eigenthümerin begünstigte.

Suky war nicht groß, doch that dies ihrer Schönheit keinen Abbruch, denn was ihr an der Länge abging, hatte die Natur ihr reichlich in der Breite und Dicke ersetzt. Sie war auch nicht ohne Eitelkeit, was wohl seinen

Grund in ihrem zerbrochenen Spiegel haben mußte, der ihr vermöge seiner vielen Brüche ihr Antlitz nur stückweise vorführte und somit ihrer Phantasie es überließ, sich den übrigen Theil desselben nach dem besten Geschmacke auszumalen; wie gesagt, Eitelkeit war ihr nicht abzusprechen, denn der koquette Schwung, mit welchem die Spitzen des orangengelben, um ihr wolliges Haupt gewundenes Tuches auf und nieder zeigten, verrieth diese Eigenschaft unverkennbar.

Der erste Ansiedler, welcher nach Armand in das Land gekommen war, ein reicher Baumwollen-Pflanzer aus Alabama, hatte Suky unter mehreren Hundert Sklaven mit sich gebracht und war sehr bereitwillig gewesen, sie an Armand zu verkaufen, als derselbe ihm seinen Wunsch äußerte, eine weibliche Bedienung von ihm zu erstehen. Ja, er machte bei dem Handel gar kein Hehl daraus, daß ihm Suky's Besitz eine Last sei, nicht aber, weil ihr Charakter ein bösartiger, ein unwilliger wäre, sondern weil ihre körperlichen Verhältnisse die schmalen Räume zwischen den Reihen der Baumwollenstauden weit überschritten, und ihre Bewegungen für den Felddienst zu sehr beschränkten. Als Hausnegerin ertheilte er ihr aber die allervortrefflichsten Zeugnisse und gab ihr schließlich, nachdem er sie an Armand für den sehr geringen Preis von zweihundert Dollars verkauft hatte, seinen Segen und seine besten Wünsche für ihre Zukunft mit auf den Weg.

Armand wohnte zu jener Zeit noch mit seinen drei Colonisten in dem alten Fort, und Suky erschien unter ihnen eine, Freude und Annehmlichkeit spendende, schaffende Göttin.

Während drei langer Jahre hatten sie die wohlthuende Gegenwart eines weiblichen Wesens entbehrt, hatten keine bartlose, zarte Wange geschaut, nicht die Musik einer jungfräulichen Stimme gehört, und hatten mit eignen Händen waschen, bügeln, kochen, braten und rein machen müssen. Mit dem Eintritte Suky's in ihren einsamen Lebenskreis waren alle diese Entbehrungen, diese Uebelstände beseitigt, und mit freudig glänzenden Augen nahm die schwarze Jungfrau die Anerkennung der Männer für ihre Verdienste hin.

Das Reich, in dem sie thronte, war die Küche, ein kleines Blockhaus, dessen ganze hintere Wand von einem ungeheuren Kamine eingenommen wurde, in welchem Jahr aus, Jahr ein, ein Baumstamm auf zwei schweren, eisernen Feuerböcken brannte und seine Kohlen unter sich warf, welche Suky nach Bedarf hervorzog, um die eisernen Kochtöpfe, Pfannen und Kannen darauf zu setzen.

Man konnte hier das Wort mit Recht anwenden, daß sie ganz ihre Stelle ausfüllte; denn wenn sie vor

der Feuersgluth in dem Kamine etwas zurückwich, um
sich zu den davorstehenden Geschirren niederzubeugen, so
verschloß sie mit ihrer anderen Seite den Eingang zur Küche beinahe hermetisch, und ihre ge-
schäftigen, von ihr abstehenden, mit Feuerzange und
Schaufel bewaffneten Arme ließen neben ihr keinen Raum
für eine zweite Person übrig. Sie fühlte sich hier so
recht in ihrer Welt, denn die Entfernungen von einer
Wand zur anderen erforderten weder viele, noch große
Schritte, so daß sie sich wie ein Querl in dem Topfe
drehte, wenn auch in gemessenerem Takte.

Mit Leidwesen hatte Suky vernommen, daß Armand
sich eine neue Wohnung bauen ließ, und als eines
Morgens der Maulthierkarren vorfuhr, der sie dorthin
übersiedeln sollte, nahm sie mit feuchten Augen Abschied
von der ihr so theuer gewordenen, so ganz und gar ange-
paßten, trauten Heimath, der Küche, denn sie hatte darin
gewacht und geschlafen, gekocht und gebraten.

Dennoch betrat sie auf Armand's neuer Niederlassung, nachdem mehrere Männer sie dort von dem
Karren, der sie hierher brachte, herab befördert hatten,
die geräumige, sauber getünchte und geweißte Küche mit
unverkennbarem Stolze, bewegte sich in deren Mitte, und
blieb, sich wohlgefällig nach allen Seiten umschauend,
mit den Händen auf die Berge ihrer Hüften gestützt, stehen.

Der Kamin aber war der Hauptgegenstand ihrer Betrachtung und erhielt augenscheinlich ihren besonderen
Beifall, denn er war vollkommen so geräumig, wie der
so eben verlassene, und hatte den großen Vorzug vor
diesem, daß er mit einer weit hervortretenden weißen
Marmorplatte versehen war; auf welcher Suky im Geiste
schon ihre Töpfe Pfannen und Kannen stehen sah.

Statt ihrer alten, aus Brettern roh zusammengefügten Bank stand eine solche grün angestrichen vor dem
Kamin, und statt ihres wackeligen, dreibeinigen Schemels
fand sie einen hölzernen Armstuhl, der hinreichend Raum
für zwei Personen bot. Neue Feuerböcke, neue Zange
und Schaufel, und eine Menge neuen Geschirres glänzten
ihr entgegen, und Alles betrachte sie mit Wohlgefallen.

Sehr schön, Master, sagte sie zu Armand, der sie
lächelnd beobachtete; Suky wird sehr gut kochen.

Es soll Dir dazu an Nichts fehlen, Suky, antwortete
dieser mit großer Freundlichkeit; wir können ja jetzt alles
Nöthige in dem Städtchen bekommen, worauf wir noch
im vergangenen Jahre oftmals lange Zeit verzichten
mußten. Ich habe auch schon tüchtige Vorräthe angeschafft.
Auch für Dich werde ich sorgen und Dir einige Kleider
machen lassen; wir leben jetzt in der civilisirten Welt,
werden oftmals Freunde und Fremde bei uns sehen, da

sollst Du auch durch Deine Kleidung meiner Haushälterin Ehre machen. .

Suky zog bei diesen Worten ihres Herrn das große wollene Tuch, welches während ihrer Fahrt ihre Gestalt verhüllt hatte, daß sie aber so eben von sich fallen und dadurch ihr einfaches, toga-artiges Gewand zum Vorschein kommen ließ, wieder um ihren Nacken, und sagte mit größter Unbefangenheit: Danke, Herr! Suky sich gern am heiligen Sabbath zur Kirche putzt.

Ja, aber auch in den Wochentagen kannst du ein buntes Kleid anziehen; es sieht doch besser aus, wenn Jemand in die Küche kommen sollte, fuhr Armand schonend fort, und blickte auf die rauchfarbene Hülle, um deren vordere Wölbung das wollene Tuch zu beiden Seiten herabhing.

In der Küche, Master, nichts Gutes nütze, und Suky keine Besuche annimmt, entgegnete die Negerin abwehrend mit bittender Stimme, und setzte mit gleichem Tone noch hinzu: Feuer sehr warm, Suky gern recht leicht angezogen.

Armand konnte das Lachen nicht unterdrücken, und sagte: Nun wahrhaftig, leicht genug bist du gekleidet; ich fürchte nur immer, daß du mir einmal davon fliegst.

Suky's Züge nahmen bei diesen Worten ihres Herrn einen überaus heitern Ausdruck an; ihr gewaltiger Mund entfaltete sich), ihre mächtigen braunen Lippen öffneten sich weit, ihre blendend weißen Zähne und ihre feurig rothe Zunge wurden sichtbar, und nun brach sie in ein lautes Gelächter aus, wobei sich ihr ganzer Körper schüttelte und sie nur mühsam die Worte hervorstammeln konnte: Suky nicht fliegen — Engel fliegen — Suky kein Engel!

In ihrer ungestümen Heiterkeit wurde sie aber plötzlich dadurch unterbrochen, daß zwei Neger mit einem Stücke von einem Baumstamme in die Küche traten, um dasselbe auf die Feuerböcke in den Kamin zu legen. Kaum hatte sie das Holz erblickt, als ihr Gesicht sich sofort wieder glättete, und statt der übergroßen Heiterkeit der Ausdruck wichtigen Diensteifers auf ihre Züge trat. Ihr wollenes Tuch warf sie in den Stuhl, streckte ihre schwarzen Arme nach den Negern aus, und sagte mit gebietender Stimme: Hierher — hierher — dieses Ende auf die andere Seite.

Dabei bewegte sie sich mit so kleinen Schritten, als fürchte sie, aus dem Gleichgewicht zu kommen, zur Seite, und leitete dann von hier aus das Niederlegen des schweren Holzstückes. Sie hatte die Herrschaft in ihrem neuen Reiche angetreten, und gewohnt, hier allein zu regieren, schenkte sie auch der Gegenwart Armand's keine weitere Aufmerksamkeit, ließ sich durch die Neger klein gehauenes Holz und Reisig herbeitragen und zündete nun mit feierlichem Ernſte das Feuer in dem Kamine an, um es für eine unabſehbare Zeit nie wieder erlöſchen zu laſſen.

Die Gluth loderte in gewohnter Weiſe vor Suky auf; mit großer Geſchäftigkeit ſtellte ſie ihre Kochgeſchirre auf der Marmorplatte in Reih und Glied, und bald ziſchte, ſchmorte und ſang es in ihnen, während die Negerin, über ſie hingebeugt, feurige Kohlen zu ihnen heranzog, und ſelbſt der Gluth trotzte, die ihr aus dem Kamine entgegen ſtrömte.

Armand war nun vollſtändig nach ſeinem neuen Wohnort übergeſiedelt, und hatte die alte, verlaſſene Burg dem Zahne der Zeit übergeben. Seine Einrichtungen, ſeine Lebensweiſe nahmen von Tag zu Tag wieder mehr die Politur der Civiliſation an; er verkehrte geſchäftlich ſowie geſellſchaftlich mit ſeinen neuen, wenn auch noch ſo ſehr entfernt wohnenden Nachbarn, er machte Beſuche und empfing ſolche, und ſeine hervorragende Stellung, die er als erſter Anſiedler in dieſem Lande ſowie als einziger Arzt hierſelbſt einnahm, veranlaßte ihn unwill-kürlich, auch die ihn umgebenden äußeren Verhältniſſe derſelben anzupaſſen.

Seine Speiſekarte blieb aber unabänderlich dieſelbe, wie ſie ſeit Suky's Eintritt in das Fort beſtanden hatte, und alle Verſuche, eine kleine Abwechslung hinein zu bringen, waren erfolglos. Nachdem er nun recht oft schon von seinen Nachbarn bewirthet worden war und die jungen Damen ihn scherzend wiederholt an das Ein= zugsfest in seine neue Behausung gemahnt hatten, ent= schloß er sich, ein Mittagessen zu geben und seine Freunde sämmtlich dazu einzuladen.

Als er diesen seinen Entschluß Suky mittheilte, be= merkte er ihr zugleich, daß er es für rathsam halte, die Köchin einer ihm befreundeten Familie für den Festtag kommen zu lassen, damit sie beim Bereiten der Speisen hülfreiche Hand leiste; Suky aber protestirte dagegen mit allen ihr zu Gebote stehenden bittenden Worten, und da Armand die alte, treue Dienerin nicht kränken mochte, so gab er ihren Bitten nach und überließ die Herstellung des Mahles ihrer alleinigen Wahl und Kunst.

Der Morgen des für Suky so wichtigen, bedeutungs= vollen Tages erschien, und mit seinem ersten Grauen schon strahlte aus der Küche ein Flammenmeer hervor, bei dessen Scheine die Alte Vorbereitungen zur Aus= führung ihrer großen Aufgabe machte. Die Neger mußten ihr Vorrath von Holz und Wasser zutragen, der kolossale Wasserkessel, der an eisernem Haken über der Gluth im Kamine hing, begann zu singen, und nun ging es an die Arbeit.

Die Torte (pie), die bei amerikanischen Festessen

eine Hauptrolle spielt, bedachte Suky zuerst, und zwar
bereitete sie zwei Sorten davon, die eine mit dem Stengel
des Riesenrhabarbers, die andere mit Pfirsichen. Sie
geriethen vortrefflich, und wenn auch die Unterlage von
Brodteig wegen Mangels an Gährungsstoff etwas schwer
verdaulich schien, so waren doch die Lagen von Pfirsich
und Rhabarber so reichlich darauf angebracht und mit
so vielem Zucker und Zimmt versehen, daß man darüber
die Zähigkeit des halbgaren Brodteigs vergessen mußte.

Mit Stolz und Wohlgefallen blickte Suky, sich mit
ihrem Gewand die Stirn trocknend, auf diese Meister-
werke ihrer Kunst und trug sie zum Abkühlen in das
nahe Milchhaus, wo sie zu ihrer Genugthuung, ehe sie
dieselben verließ, vorsichtig ein Stück Rhabarber und
eine Pfirsichschnitze davon nahm und sie zu ihren Lippen
führte. Dann hob sie den prächtigen, am Abend vorher
geschlachteten jungen Pfauhahn von dem Nagel an der
Wand, und begab sich damit in die Küche zurück, wo
sie ihn seines glänzenden Schweifes beraubte, denselben
zusammenband und bei Seite legte, dann ein Gleiches
mit einer Menge seiner glänzenden blauen und grünen
Federn that, um ihren Hut für den Sonntag zur Kirche
damit zu schmücken, und endlich das fette Thier von
allem Gefieder befreite und es zum Braten bereit machte.
Das auf den amerikanischen Tafeln niemals fehlende

Gericht, ein Schinken in Rübenkraut gekocht, brachte Sufy nach dem Pfauhahn auf das Feuer, und schließlich setzte sie noch die süßen Kartoffeln auf.

Während sie nun im Schweiße ihres Angesichts bald hier, bald dort nachsah, Wasser oder Fett zugab, schmeckte, Salz und Pfeffer hinzufügte und wieder schmeckte, hatten sich die Gäste in Armand's neuem Hause eingefunden und alle dessen Räume mit großem Beifalle in Augenschein genommen. Es war aber noch nicht Zeit zum Essen, deshalb schlugen die jungen Damen eine Promenade nach dem herrlichen Wäldchen vor, welches das Haus und den Garten an drei Seiten umgab, und durch dessen dunkle Schatten die reizendsten Fußwege sich schlängelten.

Armand ging bereitwillig auf den Vorschlag ein, namentlich um Sufy hinreichend Zeit zur Fertigstellung des Mahles zu geben, und führte seine Gäste zuerst durch den Garten, dann durch den Wald und schließlich in die nahe Umgebung seines Wohnhauses.

Allenthalben erntete er einstimmigen Beifall; sein zahlreiches Federvieh wurde bewundert, der sauber eingezäunte Raum, wo sein altes Jagdpferd ging, wurde besucht, mit den beiden, an schweren Ketten liegenden, mächtigen Bären, die Armand als neugeborene Thierchen der von ihm getödteten Mutter geraubt und in der Jagdtasche

nach Hause getragen hatte, wurde gescherzt, und schließlich
führte er die Gesellschaft nach dem Milchhause, um ihr
dessen innere Einrichtung zu zeigen. Dort floß das
kalte, kryſtallklare Quellwasser durch weite, hölzerne
Tröge, in welchen Gefäße mit Milch und Butter ſtanden,
und an den Wänden waren einige Hirſchkeulen und ein
wilder Truthahn aufgehängt, um ſie in der hier herr-
ſchenden Kühle vor Verderben zu ſchützen.

Das Lob, welches Armand nun geſpendet wurde,
war wieder allgemein, und er wollte ſeine Gäſte hierauf
nach dem Wohngebäude zurückführen, als Fräulein
Berenice Norwood, eine der jungen Damen, ſich nach
der in einiger Entfernung von dem Wohngebäude ſtehen-
den Küche wendend, zu ihm ſagte:

Nun müſſen wir aber auch Ihre Küche ſehen, Herr
Armand!

Dieſer erſchrak ſichtbarlich, und ſuchte der Anfor-
derung auszuweichen; doch Berenice hörte nicht darauf,
ſondern ſprang nach der Küche voran, und alle Uebrigen
folgten ihr nach.

Kaum aber hatte ſie bei Annäherung einen Blick
durch die offene Thür gethan, als ſie, wie von einem
Lachkrampfe ergriffen, zurückfuhr, ſich aber gewaltſam
jedes Lautes enthielt und den Anderen durch Winke Ruhe
gebot.

Sie schlich auf den Fußspitzen bis an die Küchenthür, und ihre jungen Gefährtinnen folgten ihrem Beispiel. Auch Armand war herzugetreten, und zwar auf Berenicens befehlenden Wink, ohne alles Geräusch. Wer aber beschreibt seinen Schrecken, als er Suky in ihrem kurzen Gewande vor dem gluthausströmenden Kamine niedergebeugt stehen sah, beschäftigt, mit der großen Feuerzange den Deckel von dem zu ihrer linken Seite stehenden Topfe zu heben, und sich über ihn hinbeugend, den darin befindlichen Pfauhahn zu besichtigen.

Dabei hingen tausend Krystallperlen auf ihrem Antlitze, und in dem Topfe' unter demselben zischte und brauste es, wie wenn Wasser mit Feuer sich mengt. Da plötzlich brach Berenice mit lautem, jauchzendem Schrei in Lachen aus, wie vom Sturme hingerissen, fiel die ganze Gesellschaft mit ein, und die jungen Mädchen rannten, hell aufschreiend, unter gellendem Gelächter davon.

Armand war ihnen eben so schnell, aber nicht in o unbefangener, heiterer Stimmung gefolgt, und suchte scherzend die belustigende Vorstellung, welche seine Köchin gegeben hatte, zu entschuldigen; seine Worte aber verhallten in dem Gelächter der Jungfrauen, die wie eine erschreckte Herde Schafe sich vor ihm flüchteten und ihm nicht Stand halten wollten.

Berenice war die Erste, die, sich ermannend, stehen blieb und mit erzwungenem Ernste begann: Aber, Herr Armand . . . .! dann aber wieder in ihr voriges Lachen ausbrach und ihre Freundinnen abermals darin fortriß.

Während dieser Zeit war Berenicens Mutter, die Generalin Norwood, mit den älteren Herren und Damen herzugetreten und warf ihrer Tochter einen ernsten, verweisenden Blick zu.

Liebe Berenice, ich bitte Dich! sagte sie, ihren Kopf schüttelnd, und wandte sich dann mit den Worten zu Armand: Sie dürfen es dem Mädchen nicht übel nehmen; Sie selbst haben sie durch Ihre große Freund- lichkeit verzogen.

Die jungen Damen nahmen jetzt ernste Mienen an, wenn es auch bei den Blicken, die sie unter einander wechselten, oft wie ein Lachkrampf um ihre Lippen zuckte. Alle begaben sich mit Armand in dessen Wohnung, und der Küchenscene wurde nicht mehr erwähnt.

Als bald darauf ein sauber gekleideter junger Mulatte eintrat und anzeigte, daß das Essen aufgetragen sei, führte Armand seine Gäste in den Speisesaal, wo sie sich in der heitersten Stimmung um den gedeckten Tisch reihten.

Armand zerlegte zuerst den Schinken und ließ ihn

mit dem Rübenkraut herumgehen; als er aber das Messer an den Pfauhahn legte, blitzte wieder aufsprudelnde Heiterkeit über die Züge der jungen Damen, und nur der ernste, mahnende Blick der Generalin Norwood war es, der Berenice davon zurückhielt, abermals ihrem Drange zum Lachen nachzugeben; desto lebendiger aber trafen sich die bedeutsamen Blicke der Mädchen und wechselten immer wieder nach dem Pfauhahn hin.

Der Braten war vortrefflich; dennoch bedienten sich die Gäste desselben mit auffallender Enthaltsamkeit, und da Armand nicht dazu nöthigte, so blieb das herr= liche Fleisch beinahe unberührt. Den Torten jedoch, die den Schluß des Mittagsmahls bildeten, wurde um so fleißiger zugesprochen, während der Pfauhahn der Gegenstand heiterer Betrachtung der jungen Schönen blieb.

Die Unterhaltung war eine sehr lebendige und muntere, steigerte sich aber noch mehr, als der aus= gezeichnete Kaffee herumgereicht wurde. Auf Berenicens schönen Lippen hatte fortwährend ein muthwilliges Wort geschwebt, welches der Blick ihrer Mutter bis jetzt noch immer zurückgehalten hatte. An ihrem Kaffee aber nippend, wandte sie sich plötzlich mit einem über= müthigen Ausdrucke, doch erzwungen ernstem Tone zu Armand, und sagte:

3*

Ich muß Ihnen in meinem und meiner Freundinnen Namen noch feierlich unsere Bewunderung über Ihre herrlichen Einrichtungen aussprechen, Herr Armand.

Die Generalin wollte sie hier wieder durch einen Wink mit den Augen unterbrechen; Berenice aber that, als habe sie denselben nicht bemerkt, und fuhr mit schalkhaftem Lächeln fort:

Nur ein Ueberbleibsel aus Ihrem paradiesischen Naturleben in der hier noch vor Kurzem bestandenen Wildniß bedarf eines kleinen Anstrichs durch die Civilisation, welche, leider unpoetisch genug, selbst die classischen Erscheinungen aus den Zeiten der Römer und Griechen nicht dulden will.

Berenice! fiel ihr ihre Mutter mit strafendem Tone in das Wort; doch das beifällige Gelächter der ganzen Tischgesellschaft brachte die Generalin schnell zum Schweigen, und die junge Rednerin fuhr mit komischem Ernste abermals fort:

Zweifelsohne hat Ihnen bei der Ausstattung Ihrer ehrenwerthen Haushofmeisterin, Ihrer vortrefflichen Suky, das Bild irgend einer Gottheit des Alterthums vorgeschwebt, und in ihrer anmuthigen Einfachheit muß sie eine wahre Zierde des Himmels gewesen sein, der Sie hier umgeben hat. Die Civilisation jedoch mit ihren unnatürlichen Bedürfnissen, mit ihren luxuriösen Ge-

bräuchen und ihren Moden hat das Paradies um sie
verscheucht; Sie selbst haben ihr die Thüren zu Ihrer
Häuslichkeit geöffnet, und nur Ihre schwarze Göttin
lehnt sich in ihrer malerischen Tunica noch immer gegen
die Gewalt der Cultur auf, und spricht uns, deren
Dienerinnen, Hohn; wir müssen Sie um Hülfe gegen
sie anrufen, Herr Armand!

Der laute Jubel, mit welchem die fröhlichen Um-
sitzenden der schönen Berenice ihren Beifall zollten,
unterbrach diese wieder in ihrer Rede, und Armand, so
unangenehm ihm auch die abermalige Erwähnung der
Küchenscene war und so leid ihm die ehrliche, harmlose
Suky auch that, mußte selbst mit in das Lachen ein-
stimmen.

Sie vergessen aber das Klima, welches in dem
Reiche meiner schwarzen Göttin herrscht, Fräulein
Berenice, nahm Armand das Wort; es ist eine Brat-
hitze vor dem Küchenfeuer, und die leichteste Tracht ist
dort die wünschenswertheste, sei sie Toga, Tunica
oder . . . .

Tunica, Herr Armand, fiel ihm Berenice lachend
schnell in die Rede, Tunica vom reinsten Schnitt. Was
jedoch das Klima in dem Reiche der Göttin Suky anbetrifft, so haben es mir die fallenden Thauperlen an
deren edler Stirn deutlich verrathen, denn die heißesten

Länder sind mit dem schwersten Thau gesegnet; ich möchte Suky wohl einen Fächer anempfehlen, insbesondere beim Braten von Pfauhahnen.

Wieder brach ein jubelnder Applaus aus, die Zungen waren gelöst, und Alle bestürmten Armand nun, seine häuslichen Angelegenheiten, namentlich aber die Küche, einer anderen weiblichen, sorgenden Hand zu übertragen, da Suky's Persönlichkeit mit den neuen Verhältnissen, die ihn jetzt umgaben, in zu großem Widerspruche stehe. Die älteren Herren riethen, er solle sich eine Frau nehmen, damit er wisse, für wen er sich bis jetzt so sehr geplagt habe und auch in der Folge arbeiten werde; die Frauen behaupteten, eine Gattin sei die alleinige Würze des Lebens, sie würde sein Hauswesen in schöner Ordnung halten, würde ihn pflegen und für seinen Comfort sorgen, und würde ihm in der Wirklichkeit den Himmel auf Erden geben, von dem er in der Wildniß nur geträumt habe.

Dabei sahen sie mit aufmunternden Blicken abwechselnd nach den jungen Damen und nach Armand hin, und meinten, es könne ihm nicht schwer werden, unter einer so herrlichen Auswahl von Jungfrauen sein Glück zu gründen. Während Berenicens Freundinnen bald lächelnd Armand's Blick begegneten, bald verschämt die Augen niederschlugen, sich aber dabei gerader setzten

und durch Schweigen der Meinung der Frauen bei-
pflichteten, nahm jene das Wort, und sagte:

Nein, nein, Herr Armand, Sie dürfen nicht
heirathen, denn dadurch würden wir übrigen Mädchen
die Herrschaft in Ihrem schönen Eigenthum verlieren.
Ich protestire feierlich dagegen, und wünsche, daß Sie
sich eine recht saubere, geschickte Köchin kaufen, die der
Auflösung durch das Klima in der Küche nicht so sehr
ausgesetzt ist, wie Sully, und die es versteht, guten
Fruchtcrême und Kuchen zu bereiten; dann will ich dagegen es übernehmen, ihre Arbeit zu überwachen, und
durch Kosten ihrer Werke mich in den Stand setzen,
Ihnen ein Urtheil über ihre Tüchtigkeit geben zu können.
Meine Freundinnen werden sicher bereit sein, mich in
der Ausübung dieser meiner übernommenen Pflicht nach
besten Kräften zu unterstützen.

Dann wandte sie sich mit den Worten: Nicht
wahr, Ihr sagt mir Euren Beistand zu? an ihre schönen
Gefährtinnen, und unter Lachen und Scherzen erklärten
diese sich jederzeit dazu bereit.

Armand konnte nicht umhin, in eben so scherzendem
Tone auf den Vorschlag einzugehen, und bemerkte den
jungen Schönen, er werde sie seiner Zeit beim Worte
halten.

In der fröhlichsten Laune verstrich Allen der Nach-
mittag, und als der Abend kam und die Gäste ihre Pferde
bestiegen, hatte auch Armand das seinige vorführen lassen,
und gab ihnen das Geleite über seine Gränzen hinaus.

Zweites Capitel.

So beluftigend nun auch die Küchenscene gewesen war, und so viel Heiterkeit sie hervorgerufen hatte, so war Armand doch höchst unangenehm dadurch berührt worden, und während seines Nachhausereitens verlor er sich in dem Gedanken, auf welche Weise er eine Aenderung vornehmen und Suky ersetzen könne.

So lange er noch in dem Fort gelebt hatte, war ihm der Eintritt Suky's in seine Junggesellenwirthschaft, die er dort mit den drei Colonisten Jahre lang führte, ein bedeutender Fortschritt und eine sehr große Annehmlichkeit gewesen, da er bis dahin sich mehr oder weniger, namentlich aber stets am Sonntage, selbst bei dem Kochen betheiligt hatte; Suky übernahm sofort alle Sorge dafür, und Armand sah nichts mehr von der Zubereitung der Speisen und erfreute sich ihrer um so mehr, wenn sie vor ihm auf dem Tische standen. Auch seit er seine neue Residenz bezogen hatte, war er selten in die Küche gekommen, und wenn es einmal geschah, hatte er weder den Bemühungen Suky's Aufmerksamkeit geschenkt, noch war ihm die Eigenthümlichkeit ihrer Tracht, oder ihr hoher Wärmegrad aufgefallen, da er sie in ihren vier Wänden nie anders gesehen hatte. Der unglückliche Zufall aber, der ihm heute ihr Wirken in seinem entsetzlichsten Umfange zeigte, hatte nicht allein ihm, sondern auch seiner ganzen Tischgesellschaft den Appetit dergestalt geschmälert, daß Suky dadurch rein unmöglich geworden war, und so leid es ihm auch ihretwegen that, so kam er doch während seines Nachhausereitens immer mehr zu dem Entschlusse, sie unter jeder Bedingung aus ihrem Amte zu beseitigen.

Als er vor seiner Wohnung vom Pferde stieg, war er auch schon mit sich einig geworden, auf welche Weise dies geschehen sollte. Seine nach einem Auskunftsmittel suchenden Gedanken waren nämlich über das Weltmeer in seine deutsche Heimath gewandert, wo sie ihm die dort allgemeinen häuslichen Einrichtungen mit ihrer weiblichen Bedienung vorgeführt hatten und im Augenblicke war die Aufgabe gelöst; denn es war ja nichts leichter, als

unter den unzähligen, vom Schicksal nach diesem Welt-
theile verschlagenen deutschen Auswanderern eine passende
Persönlichkeit zu finden, welche die Geschäfte in seinem
Haushalte übernehmen würde. Eine deutsche Haushälterin!
war das Losungswort, denn kaum hatten seine Gedanken
ihm diesen Ausweg aus seiner Verlegenheit gezeigt, als
er auch schon im Geiste die wohlgeordneten deutschen
Einrichtungen in seine vier Wände träumte und die unge-
müthlichen amerikanischen, geborgten Zustände aus ihnen
verbannt sah.

Armand hatte es sich bequem gemacht, hatte einen
luftigen, ungefütterten Schlafrock von buntem Kattun
und leichte Pantoffeln angezogen, und ging, in sein Vorhaben vertieft, im Speisezimmer auf und nieder, als
Abbinon, sein Mulattenknabe, hereintrat, um die Abend-
tafel zu decken.

Wie ungeschickt und nachlässig warf derselbe das
Damasttuch über den Tisch — hing es doch an der einen
Seite so lang herunter, daß der Zipfel auf dem Fußboden lag, während das andere Ende kaum über den
Rand der Tischplatte fiel! Das würde eine deutsche Haushälterin niemals gethan haben! Und wie unordentlich
stellte er die Teller, die Tasse, das Salz- und Pfefferfaß,
die Butter- und die Zuckerdose darauf nieder!

Im aufkeimenden Unwillen darüber war Armand

im Begriffe, dem Sklaven eine ärgerliche Zurechtweisung zu geben, doch — warum wollte er es nun noch thun, die deutsche Haushälterin sollte bald eine andere Ordnung hier einführen! Er wandte seinen Blick von dem Mulatten ab und setzte seine Promenade im Zimmer fort, bis der Thee, das dampfend heiße Maisbrod und die glühend schwabenden Buchwaizenkuchen auf dem Tische standen; dann setzte er sich, wenn auch ohne sonderlichen Appetit, gewohnheitshalber daran nieder. Er hatte seine Tasse mit Thee gefüllt und, an deutsche Pfannkuchen denkend, einen der kleinen Buchwaizenkuchen auf seinen Teller genommen, als die Thür sich weit öffnete, und Suky, eine Schüssel auf beiden Händen tragend, hereintrat.

Hier, Herr, sagte sie und setzte mit bedeutsamem Lächeln die Schüssel vor Armand auf den Tisch, die besten Bruststücke von dem Pfauhahn; Suky hat sie nochmals gebraten.

Armand schreckte, mit weit geöffneten Augen auf die schönen, beim Mittagessen verschmähten Leckerbissen schauend, zurück, denn er sah im Geiste Suky wieder über den eisernen Topf gebeugt, und hörte es wieder in demselben zischen und brausen.

Sehr lecker, Herr, die Leute nicht gewußt, was gut ist, fuhr Suky mit herzlicher Gutmüthigkeit fort, und schob die Schüssel noch etwas näher zu Armand hin, während dieser, sie abwehrend, sagte:

Ich danke, Suky, ich bin noch von heute Mittag gesättigt.

Thut nichts, Herr, morgen früh zum Frühstück wieder aufbraten, noch besser schmecken, wobei sie abermals recht freudig lächelte und sich dann mit gewohnten kleinen Schritten wieder aus dem Zimmer bewegte.

Armand war der wenige Appetit nun vollends vergangen; er trank schnell den eingeschenkten Thee, befahl mit einem Winke dem Mulatten, den Tisch abzuräumen, und verließ das Speisezimmer. Wenige Minuten später aber saß er vor seinem Arbeitstische und schrieb an seinen Commissionär, den Herrn Doebler in New-Orleans. Derselbe war Armand zu vielem Danke verpflichtet, weil dieser ihm die Kundschaft aller seiner Nachbarn auf nah und fern zugewiesen hatte, wofür jener seine dankbare Anerkennung durch eine pünktliche, schnelle und sorgfältige Bedienung bei jeder Gelegenheit darzuthun suchte.

Armand trug ihm auf, unter den dort von Europa ankommenden Deutschen ihm eine Haushälterin zu verschaffen, und bat ihn, bei der Wahl darauf zu sehen, daß sie neben einem angenehmen Aeußern gründliche Erfahrung im Hauswesen habe, gut zu kochen verstehe und den Grad von Bildung besäße, daß er, wie er sich ausdrückte, ein verständiges Wort mit ihr reden könne. Den Miethpreis überließ er ihm, nach Qualität selbst zu bestimmen, bevollmächtigte ihn dabei, eine sehr gute Behandlung zuzusichern, und hoffte, daß es ihm unter den vielen Deutschen, die dort landeten, nicht schwer fallen möge, eine für ihn passende Persönlichkeit zu finden.

Dann fügte er noch eine kurze Schilderung von den Verhältnissen, die ihn umgaben, hinzu, so daß Doebler im Stande war, der zukünftigen Haushälterin ein ungefähres Bild von der Stellung, die ihrer harrte, zu entwerfen, und schloß mit der Bitte, sie auf seine Kosten baldmöglichst mit einem guten Dampfschiffe die Reise zu ihm antreten zu lassen.

Der Postbote, welcher zweimal in der Woche die Briefe aus der Umgegend nach dem nächsten, an der Mündung des Flusses gelegenen Ladungsplatze der Dampfschiffe beförderte und regelmäßig im Vorüberreiten bei Armand vorsprach, um etwaige Schreiben mitzunehmen, erschien schon am folgenden Morgen und empfing den Brief an den Herrn Doebler in New-Orleans.

Wenige Tage darauf aber ritt Armand selbst nach dem Landungsplatze hinunter und benachrichtigte den dort wohnenden Spediteur davon, daß vielleicht schon in einigen Wochen ein Frauenzimmer von New-Orleans sich

bei ihm melden und ihn ersuchen werde, ihr zur Weiter-
reise nach Armand's Besitzung behilflich zu sein, für
welchen Fall er ihm auftrug, dieselbe mit einem Pferde
oder Maulthier und mit einem berittenen Führer zu versehen.

Die Würfel waren gefallen, Suky's Schicksal war
entschieden, wenn sie die Gefahr, die über ihrem Haupte
schwebte, auch noch nicht kannte; denn Armand vermochte
nicht, es über sich zu gewinnen, der guten, treuen Dienerin
ihr Urtheil, daß eine andere Herrscherin in ihrem Reiche
regieren solle, mitzutheilen.

Mit doppelter Nachsicht aber blickte er jetzt auf die
ewig gleiche Speisekarte: „Rübenkraut und abgekochter
Schinken," und mit größter Vorsicht hielt er sich aus
der Umgebung der Küche fern, damit ihn nicht wieder
ein unseliger Moment mit einem Blicke auf die gebeugte
Römergestalt Suky's überrasche. Er betrachtete seine
Mahlzeit als ein nothwendiges Uebel, welchem man sich
nicht entziehen könne, und bekämpfte dabei mit ritterlicher
Standhaftigkeit jeden Gedanken an die Küche, namentlich
aber an den Pfauhahn. Nur in seinen nächtlichen
Träumen rächte sich oftmals seine gewaltsam nieder-
gehaltene Phantasie und gaukelte ihm die haarsträubendsten,
augenniederschlagendsten Bilder der schwarzen, von einem
Feuermeere umfluteten, mit Schaufel und Zange bewaffneten, schwer bethauten Göttin seiner Küche vor.

Während Armand mit Sehnsucht berechnete, wann möglicher Weise die bestellte Haushälterin ankommen könne, benutzte er die Zeit, um für Suky unweit der Küche ein kleines Blockhaus aufstellen zu lassen. Er richtete es recht gut und bequem ein, und als es fertig war, theilte er der Alten mit, daß es für sie allein bestimmt sei, daß es viel passender und für sie weit angenehmer wäre, in demselben in einer Bettstelle, anstatt in der Küche auf dem Fußboden zu schlafen, und daß sie, sobald sie mehr Ruhe bedürfe, in diesem ihrem Hause recht ungestörte, glückliche Tage verleben solle.

Wenn Suky nun ihrem Herrn auch recht freundlich für seine Güte dankte, so meinte sie doch, daß sie eben so gern nach wie vor in der Küche geschlafen haben würde, und bemerkte mit einem bangen, bittenden Lächeln, daß sie noch lange arbeiten könne und wolle.

Das sollst Du auch, Suky, so lange es Dein eigener Wille ist und es Dir Freude macht, wenn Du auch einmal nicht mehr die ganze Arbeit in der Küche zu thun brauchst, sagte Armand mit beruhigendem Tone. Es wäre ja möglich, daß ich mich verheirathete und daß meine Frau dann selbst das Kochen übernähme.

Ach, wenn der Himmel Suky diese Freude noch erleben ließe, wie gern wollte sie ihrer jungen Herrin dabei zur Hand gehen! fiel die Alte freudig ein, und stellte den eisernen Topf, in welchem sie das Maisbrod zu backen pflegte, vor die Kohlengluth des Kaminfeuers, denn sie hatte soeben mit der Bereitung des Frühstücks begonnen.

Es wäre ja auch möglich, daß ich die Leitung meines Hauswesens einer weißen Lady übertrüge, nahm Armand abermals freundlich das Wort, und vielleicht machte es dann derselben Freude, selbst zu kochen.

Kein Vergnügen vor dem Kaminfeuer für weiße Lady's; weiße Haut leicht schmutzig, schwarze Haut und Kohlen gleiche Farbe, versetzte Suky rasch, als wolle sie einen solchen Gedanken Armand's im Aufkeimen ersticken, und fügte mit einer gewissen Beruhigung hinzu: Weiße Lady's zu fein und zu vornehm für die Küche.

In meiner Heimath, Suky, giebt es aber keine schwarzen Menschen, dort wird alle Haus- und Küchen- arbeit von weißen Dienerinnen besorgt, und ich muß gestehen, wenn ich einmal unter den vielen Deutschen, die in dieses Land einwandern, ein gutes Mädchen finden könnte, die in meine Dienste treten wollte, so würde ich sie gern zu mir nehmen, sagte Armand, seinen Blick beobachtend auf die Alte heftend, deren Gesicht bei diesen Worten freilich nicht die Farbe wechselte, aber doch den unverkennbaren Ausdruck einer unangenehmen Ueber- raschung annahm. Deshalb fuhr er rasch fort: Sie

würde dann natürlich nur die Leitung beim Kochen übernehmen und Du nach wie vor die grobe Arbeit dabei
thun. Wir haben in Deutschland so viele schöne Gerichte,
die man hier zu Lande gar nicht kennt, und da würdest
Du noch Vieles lernen, was Dir Freude machen müßte.

Suty konnte für den Augenblick keine Antwort
finden und sah mit geöffnetem Munde halb lächelnd,
halb traurig ihren Herrn an, bis sie nach kurzer Pause
ihre Verlegenheit dadurch überwand, daß sie rasch ein
Stück Speck ergriff, sich über den bereits heißen Brod-
topf beugte und denselben mit dem Fette ausstrich, indem
sie sagte: Suty alles gern thun, was Herr befiehlt.

Dabei rieb sie den Speck nochmals durch den heißen
Topf, daß es zischend darin aufbrauste; als sie aber dann
zur Seite nach ihrem Herrn schaute, war derselbe schon,
wie von einem Blitze getragen, zur Thür hinaus davon
gesprungen.

Die Zeit war gekommen, wo Armand Nachricht
von seinem Commissionär in New-Orleans erhalten
konnte; doch immer wieder erschien Charly, der Postreiter,
ohne den erwünschten Brief. Armand's Ungeduld steigerte
sich von Tag zu Tag und in gleichem Maße nahm sein
Appetit bei seinen Mahlzeiten zu Hause ab, weshalb er
häufig einen Morgenritt in die Umgegend verspätete, so

daß er zur Essenszeit bei einem seiner fernen Nachbarn eintraf und dann dort die Einladung zu Tische annahm.

So hatte er eines Tages bei General Norwood zu Mittag gespeist und der schönen Berenice seine Hoffnungen auf eine baldige Umgestaltung seiner häuslichen Zustände ausgemalt, wobei im Rückblicke auf Suky's Vorstellung viel gelacht und gesperzt worden war, und der Tag hatte sich bereits geneigt, als er in seine Behausung zurückkehrte. Addinon, der Mulattenknabe, hatte das Roß fortgeführt und Armand war in sein Wohnzimmer getreten, als er glaubte, Pferdetritte vernommen zu haben. Er eilte an das Fenster, und sein erster Blick fiel auf eine schlanke Reiterin, welche mit wehendem Schleier und über dem Hute flatternden Federn auf das Haus zu getrabt kam, während ein Negerbursche auf einem Maulthiere ihr folgte, und vor sich auf dem Sattel einen Lederkoffer balancirte, während eine große Hutschachtel wie eine türkische Trommel auf seinem Rücken und ein voller Reisesack an seiner Seite hingen.

Die Haushälterin! fuhr es Armand jubelnd durch die Seele, und mit wenigen Sprüngen war er zur Thür hinaus und von der Veranda hinab nach der Einzäunung geeilt, um der Ersehnten die Pforte in seine Häuslichkeit zu öffnen. Die Gitterthür flog auf, und die Reiterin

4*

lenkte mit einer lieblichen, gefühlvollen Verbeugung gegen Armand ihr Pferd durch dieselbe ein.

Ach, mein Herr, Sie sind gewiß Herr Armand, der einem armen, verlassenen, vom Schicksal schwer geprüften Mädchen die Hand geboten hat, um es aus dem Sturme des Lebens in einen Hafen glücklicher Ruhe zu führen, sagte sie, mit schwärmerischem, niedergeschlagenem Blicke auf Armand hinabschauend, und faltete ihre Hände vor ihrem Busen.

Mein Name ist Armand, und ich heiße sie herzlich willkommen in meinem Eigenthum, denn ich darf wohl annehmen, daß Sie die Dame sind, die Herr Doebler in New-Orleans für mich engagirt hat, antwortete Armand, indem er eilig seinen Blick über die hohe Gestalt der Fremden gleiten ließ, und fügte, ihr in die dunklen, langbewimperten Augen schauend, schnell hinzu: Darf ich mir Ihren Namen ausbitten, mein Fräulein?

Flöte, lispelte die Angeredete mit verschämter Verneigung, Theodora Flöte — in meinem Flügelkleide nannte man mich Doris.

Nun, so erlauben Sie mir, daß ich Ihnen behülflich bin, abzusteigen, Fräulein Flöte, sagte Armand mit zutraulicher Freundlichkeit, worauf dieselbe ihm rasch beide Hände entgegenstreckte, als wolle sie sich ihm in die Arme stürzen.

Erlauben Sie, Fräulein, ich will es Ihnen bequemer machen, fuhr Armand, unwillkürlich zurückweichend, fort, ergriff den Zügel des Pferdes, und führte dasselbe neben ein abgesägtes Stück von einem sehr starken Baumstamme, welches beinahe zu dem Bügel der Reiterin hinaufreichte, so daß sie nur aus diesem auf das Holz zu treten brauchte, während zwei niedrigere solcher Abschnitte daneben standen und eine Art von Treppe bildeten.

Armand hatte die junge Schöne über die Holzstücke herabgeleitet, schüttelte ihr dann mit freudiger Zutraulichkeit die Hand und sagte: Nochmals willkommen, Fräulein Flöte, oder, wenn Sie erlauben, Fräulein Doris, denn noch haben Sie Ihr Flügelkleid nicht abgelegt.

Lassen Sie es mich versuchen, ob ich Ihnen den Aufenthalt bei mir angenehm machen kann; mein Wille dazu wenigstens ist von Haus aus gut, und noch mehr, er ist auf mein eigenes Interesse zu sehr gegründet, als daß ich nicht gern Alles zu diesem Zwepe aufbieten sollte. Treten Sie ein unter das Obdach, unter welchem Ihnen recht bald eine freundliche Heimath erstehen möge.

Ich fühle sie schon mich umwehen, und danke Ihnen, dem Schöpfer dieses Gefühls, mit überwogendem Herzen, Herr Armand! entgegnete Theodora Flöte.

O, es ist so schön, so beglückend, heißes Dankgefühl im Busen zu tragen, und es ist so beseligend, ihm Worte geben zu können — lassen Sie meine Lippen, meine Freudenthränen Ihre wohlthätige Hand berühren!

Bei diesen, mit schwärmerischer Begeisterung ge= sprochenen Worten hatte die Jungfrau, noch ehe Armand es verhindern konnte, dessen Rechte erfaßt und preßte ihren schönen Mund mit stürmischem Kusse darauf.

Ich bitte, Fräulein, sagte Armand verlegen, indem er die Hand wegzog, ich habe ja noch nichts für Sie gethan! Nur in meinem eigenen Interesse ließ ich Sie kommen — Sie glauben nicht, wie sehr ich Ihrer Hülfe bedarf, um mich von diesen rohen americanischen Naturzuständen zu befreien; Sie werden es aber bald selbst einsehen.

In diesem Augenblicke schaute Armand nach der Küche hin, und sah die alte Suth, wie sie sich aus der Thür herausbeugte und verwundert nach der fremden Dame herblickte.

Sie werden erschrecken, wenn Sie meine jetzige Haushälterin zu Gesichte bekommen, fuhr Armand schnell fort: aber wenn dieselbe auch noch weniger für ihre Stellung paßte, so ist sie doch gut, herzlich gut, und hat mir treulich gedient. Sie ist eine ehrliche, alte

Negerin, die jeder Ihrer Vorschriften willig folgen wird, und für welche ich mir eine nachsichtige, liebevolle Behandlung erbitte.

Ja, ich will, ich werde die alte Dienerin lieben! O, Herr Armand, könnte ich Ihre leisesten Wünsche errathen, sie sollten erfüllt sein, noch ehe Sie dieselben ausgesprochen hätten! entgegnete Theodora, immer wärmer bewegt, während Armand mit einer dankenden Verneigung sie über die Veranda nach dem Eingange geleitete und sie vor sich in das Haus eintreten ließ. Dort führte er sie nach dem für sie bereit gehaltenen Zimmer, und verabschiedete sich mit dem Versprechen, ihr sogleich ihre Effecten zu übersenden.

Der Eindruck, den die neue Haushälterin auf Armand gemacht hatte, war ein sehr günstiger, und als sich die Thür hinter ihr schloß und er durch den Corridor davonschritt, um wegen ihres Gepäckes Nöthiges zu besorgen, sagte er halb laut zu sich selbst: Eine ganz nette Erscheinung, wenn sie ihren Dienst halb so gut versteht, wie sie zu reden weiß, so bin ich mehr wie zufrieden. Nur einen etwas zu romantischen Schwung scheint sie mir zu haben. Man hört und sieht es ihr an, daß sie Deutschland erst vor Kurzem verließ; ihre poetische Schwärmerei wird aber bald genug vor der americanischen Prosa verwehen, und um so mehr kommt dann die deutsche Hausfrau in ihr zur Geltung. Ich denke, ich habe „alle Neun" geworfen. Arme Suky, Du wirst in das Hintertreffen gestellt werden!

Nachdem Armand der Haushälterin ihre Reise-Effecten zugeschickt und ihren schwarzen Begleiter nebst den beiden Reitthieren mit Nöthigem versorgt hatte, um sich von dem langen, heißen Ritte erholen zu können, nahm er seinen Weg nach der Küche, wo er Suky beschäftigt fand, das Kaminfeuer für die Bereitung des Abendessens anzufachen.

Ich habe Besuch bekommen, Suky, sagte er halb verlegen zu der Alten, denn jetzt mußte er sie von dem ihr bevorstehenden Schicksal unterrichten.

Habe gesehen, Herr, schöne Lady, antwortete die Negerin, indem sie sich aus ihrer gebückten Stellung aufrichtete und sich nach ihrer Gewohnheit mit ihrem Gewand über das Antlitz fuhr.

O ja, sie hat ein angenehmes Aeußeres, fuhr Armand mit gleichgültigem Tone fort. Sie ist eine Deutsche und wird einige Zeit bei mir bleiben, um mein Hauswesen in deutscher Art einzurichten. Ich will nun auch den Versuch mit ihr machen, ob sie gut kochen kann, wobei Du sie unterstützen sollst, denn es ist mir viel daran gelegen, einmal wieder so zu speisen, wie ich es von Jugend auf gewohnt war. Sie wird recht gut gegen Dich sein, und sei auch Du recht freundlich gegen sie, damit ich meinen Zweck erreiche.

Suky's Augen und ihr Mund hatten sich während Armand's Rede immer weiter geöffnet, und als derselbe schwieg, machte sie zuerst einige vergebliche Versuche, zu antworten, dann aber stotterte sie in abgebrochenen Worten: Gewiß, Herr, sehr freundlich, sehr gern folgsam, alles thun, was Herr befiehlt.

Ich weiß es, Suky, daß Du mir zu Liebe gern Alles thust, und dafür bin ich Dir dankbar und werde auch Dir gern jeden Wunsch erfüllen, sagte Armand und hob nach einer kurzen Pause abermals an: Wenn nun Fräulein Flöte, so heißt die deutsche Lady, sich im Kochen versuchen wollte und Du alsdann weniger von der Feuerhitze zu leiden hast, so könntest Du ja ein leichtes Tuch umhangen; in Deutschland tragen die Frauenzimmer ihre Kleider nicht so weit ausgeschnitten, und ich wünsche sehr, daß Fräulein Flöte sich hier recht bald zu Hause fühlen möchte.

Suky Tuch umbinden, Herr, antwortete die Alte mit kleinlauten Tone und schaute auf den oberen Saum ihres Gewandes, als sage sie ihrer Bequemlichkeit ein stilles Lebewohl.

Armand aber fuhr fort: Ich werde Dir auch einige recht hübsche, bequeme Kleider von leichtem Kattun machen lassen, welche Du in den Wochentagen tragen kannst; es sieht doch besser aus, wenn Fremde hieher kommen.

Danke, Herr! war alles, was Suky in ihrer plötzlichen Traurigkeit, in ihrer Niedergeschlagenheit noch hervorbringen konnte. Sie neigte sich abermals zu dem Feuer hin, und Armand verließ sie, froh darüber, daß er ihr die nothwendige, wenn auch für sie schmerzliche Mittheilung gemacht hatte.

Er begab sich nach dem Garten, ging dort einige Male auf und nieder, und wandte seine Schritte dann nach dem Wohngebäude zurück, aus welchem er seine neue Haushälterin jetzt hervor unter die Veranda treten sah. Sie hatte ihr Reisekleid gegen ein schwarzseidenes, mit feuerrothen Schleifen und Bändern verziertes vertauscht, und auch aus der Fülle ihres glänzend schwarzen, in phantastischer Weise geordneten Haares leuchtete eine brennend rothe Bandrosette hervor. Eine große vergoldete Brosche glänzte auf dem rothen, um ihren schönen Nacken liegenden Bande über ihrem vollen Busen, und ihre Finger waren mit einer Menge goldener Ringe geschmückt.

Sie war neunzehn Jahre alt, war groß und in vollem Ebenmaße gewachsen, und hatte in ihrem Aeußern etwas Ungewöhnliches, etwas Theatralisches, welches sich

in jeder ihrer Bewegungen, in jedem ihrer Blicke
kund gab.

In welch ein Paradies haben Sie mich geführt,
Herr Armand! rief sie diesem wonneberauscht entgegen
und streckte ihre Hände begeistert nach dem feurigen
Abendhimmel aus. Es ist das Land meiner Jugend-
träume, das Land, wo die eisigen Spitzen der Purpur-
gebirge im Abendroth sich in Rubinen und Diamanten
verwandeln, wo die laue Nachtluft in dem Wipfel der
Palme säuselt, wo die goldne Orange aus dunklem
Laube glüht und wo der Silberquell, mit den Blumen
der Ufer kosend, lustig plätschernd, dahinrauscht —
o, könnte ich mit Worten den Flug meiner Seele be-
zeichnen!

Es freut mich außerordentlich, Fräulein Flöte, Sie
von der hier in der That schönen Natur so angenehm
berührt zu sehen, und ich hoffe und wünsche, daß dieselbe
Ihnen dauernd Manches ersetzen mag, was Sie in dem
Leben an der Gränze der Civilisation werden entbehren
müssen, entgegnete Armand, indem er zu Theodora
unter die Veranda trat.

Wer könnte wohl in solchem Reichthum, in solcher
Pracht der Schöpfung eine Entbehrung fühlen? fuhr
die Haushälterin mit zunehmender Begeisterung fort
und wandte sich plötzlich nach der anderen Seite, wo die

Kühe, Pferde und Maulthiere Armand's durch die unabsehbare, üppig grüne, mit tausendfarbigen Blumen
übersäete Grasflur langsam herangeschritten kamen und
auf dem Heimwege hier und dort noch an süßen Kräutern
naschten, während das harmonische Geläute der ge-
stimmten Metallglocken, welche sie am Nacken trugen,
jetzt bis zu der Veranda herauftönte. — O, welch
idyllische Musik! rief die Haushälterin im höchsten Entzücken aus. Glaubt man doch, die Zeit der Poesie, die
schöne Schäferzeit sei wiedergekehrt! Besitzen Sie denn
keine Schafe, Herr Armand? Es würde mich so unendlich glücklich machen, wenn ein Schäfchen meinen
Spuren folgte!

Armand biß sich auf die Zunge, es war ihm
kaum möglich, das Lachen zu unterdrücken, denn er wollte
die Jungfrau in ihrem Entzücken nicht stören, wenn
auch ihre Schwärmereien wenig zu dem Geschäfte paßten,
für welches er sie eigentlich hatte kommen lassen. Ein
Schäfchen, Fräulein Doris, würde Ihnen bei Ihren
Obliegenheiten oftmals sehr im Wege sein, fiel er mit
verhaltenem Lachen ein, namentlich vor dem Kaminfeuer
in der Küche, wo es sich auch leicht sein schneeiges Kleid
versengen könnte.

Ach freilich, Herr Armand, es war ja auch nur

eine schöne Erinnerung an die selige Jugendzeit! In meiner Heimath spielen die Mädchen gern mit Lämmchen.

Wo sind Sie denn eigentlich zu Hause, Fräulein? fragte Armand, um der Unterhaltung eine andere Richtung zu geben.

Von Marburg in dem schönen Hessenlande, seufzte die Haushälterin mit einem Blicke nach oben und drückte beide Hände auf ihr Herz.

Aus Kurhessen? rief Armand freudig überrascht. Ei der Tausend, so seien Sie mir doppelt willkommen als Landsmännin! Auch ich bin ein Hesse, und zwar gebürtig aus Cassel. Was hat Sie denn aus unserem Vaterlande vertrieben?

Die Haushälterin antwortete nicht; sie schreckte bei der Frage, wie von Schmerz durchzuckt, zusammen, preßte beide Hände krampfhaft gegen ihren Busen und blickte mit einem tiefen, schweren Athemzuge gen Himmel. Das Herz! stöhnte sie endlich mit bebender Stimme, ließ ihre gefalteten Hände vor sich herabfallen und senkte ihr Haupt.

Es that Armand leid, eine, wie es schien, so schmerzliche Erinnerung in der Jungfrau wachgerufen zu haben, und er suchte ihr Trost einzusprechen, indem er sagte: Die Alles heilende Zeit hat schon manches Leid vergessen machen.

Nimmer, nimmer, Herr Armand, wird diese Wunde aufhören zu bluten! seufzte Doris abermals und heftete ihren Schmerzensblick auf die dunklen, blauen Gebirge, deren Gipfel jetzt im leuchtenden Granatroth erglühten.

In diesem Augenblicke trat Abbinon unter die Veranda und zeigte seinem Herrn an, daß das Abendbrod aufgetragen sei.

Heute Abend und morgen früh sind Sie noch mein Gast, Fräulein Doris; nach dem Frühstücke werde ich Ihnen dann die Regierung in meinem Hause übergeben, sagte Armand, und geleitete sie nach dem Speisezimmer.

Während des Essens blieb die Unterhaltung an das gemeinschaftliche Vaterland gefesselt; Armand hatte tausend Fragen vorzubringen, und die Haushälterin gedachte ihrer Heimath mit der ihr eigenen Lebendigkeit und Begeisterung. Nach aufgehobener Tafel aber führte Armand sie im ganzen Hause umher, zeigte ihr alles, was in Beziehung zu ihrem Dienste stand, und nannte ihr alle Obliegenheiten, die ihre Stellung ihr aufbürden würde.

So verstrich der Abend Beiden in recht froher, gemüthlicher Stimmung, und Armand verließ seine neue Hausgenossin an ihrer Zimmerthür mit dem Wunsche, daß sie die erste Nacht unter seinem Dache sich eines wohlthuenden Schlafes zu erfreuen haben möge.

Heiter wie der junge Tag empfing die Haushälterin Armand am folgenden frühen Morgen unter der Veranda, und theilte ihm mit, daß sie ungewöhnlich sanft geruht und die süßesten, rosigsten Träume gehabt habe; dann aber bat sie ihn, sie nun in ihr neues Amt einzusetzen, damit sie baldigst Gelegenheit bekomme, ihm durch die That ihr Dankgefühl für das Glück an den Tag zu legen, welches er ihr, einem in diesem Lande fremden, verlassenen, armen Mädchen durch die Aufnahme in seinen Dienst so unverhofft zugewandt habe.

Nach dem Frühstücke, Fräulein, erwiederte Armand; bis dahin behält meine alte Wirthschafterin noch die Herrschaft in der Küche.

Ich bin recht neugierig, ihre Bekanntschaft zu machen, sagte die Haushälterin.

Sie werden ein Ueberbleibsel aus der Zeit sehen, wo dieses Land noch eine Wildniß war, sie ist die reine, gute Natur ohne alle Form, ohne alle Politur, aber aus Treue und Ehrlichkeit zusammengesetzt. Der Entschluß ist mir sehr hart geworden, die alte, brave Seele ihrer Stelle zu entheben, es ging aber unmöglich länger; ich bin durch sie in viele Verlegenheiten gekommen, sagte Armand in Erinnerung an das Festessen.

Sie soll ihre Zurücksetzung nicht fühlen, Herr Armand, ich werde mein Verfahren gegen sie ganz mit Ihrem edlen Gefühle in Einklang bringen; ist ja doch ihr Glück wie das meinige das Werk Ihrer Wohlthätigkeit, Ihrer Menschenliebe! fiel die Haushälterin bewegt ein und sah ihn, ihre Hände faltend, mit einem Blicke überströmender Innigkeit an.

Nochmals, Fräulein Doris, ich werde Ihnen für Ihre Freundlichkeit und Nachsicht gegen die arme Alte recht dankbar sein, sagte Armand, und begab sich mit der Jungfrau nach dem Speisezimmer, da das Frühstück aufgetragen war.

Nach beendigtem Mahle ging Armand, von der Haushälterin begleitet, mit schwerem Herzen nach der Küche. Suky saß auf der Bank vor dem Kamin und schaute traurigen Blickes in das Feuer. Sie hatte ihr großes Tuch umgehangen und dasselbe über ihrem Busen mit einer riesigen gelben Stecknadel zusammengesteckt, so daß es vorn und hinten ihre umfangreiche Gestalt überhing, und nur zu beiden Seiten ihr Gewand sehen ließ, wo ihre Arme es emporhielten; denn sie hatte ihre Hände vor sich gefaltet. Als sie Armand eintreten hörte, erhob sie sich mit einem freundlichen „Guten Morgen, Herr!" und richtete ihren bangen Blick bald auf ihn, bald auf die fremde Lady.

Gute Suky, hier bringe ich Dir Fräulein Flöte, welche so freundlich sein will, das Kochen zu übernehmen, wobei Du ihr behülflich sein sollst. Ich weiß, Du thust es gern, weil mir ein Gefallen damit geschieht, sagte Armand liebevoll zu der Alten.

Sehr gern, Herr, Suky alles gern thut, was Herr Freude macht, antwortete die Negerin mit freundlichem Tone, wenn auch traurige Ergebung auf ihren schwarzen Zügen lag.

Die Haushälterin aber trat rasch auf sie zu, ergriff ihre Hand und sagte: Wir wollen Beide unser Bestes thun, um uns die Zufriedenheit des Herrn Armand zu erwerben, und wollen Eine die Andere nach allen Kräften dabei unterstützen, nicht wahr, Suky?

Ja, Fräulein, Suky ihr Bestes thun, entgegnete die Alte mit freudig aufglänzendem Blicke, und küßte der Haushälterin die Hand.

Diese begann nun, sich von der Schwarzen alle Geschirre, alle Vorrichtungen zum Kochen zeigen zu lassen, bei welchem Geschäfte Armand, sich als überflüssig betrachtend, die Beiden verließ, um nach Garten und Feld zu sehen.

Als er nach Verlauf von einigen Stunden zurückkehrte und sich der Küche näherte, saß Suky an der Außenseite derselben im Schatten und schälte Kartoffeln. Mit

einem Ausdrucke von Wehmuth sah sie nach Armand
auf, als wolle sie ihm sagen: So weit ist es nun mit
Suly gekommen! Dabei war das große Tuch zwar immer
noch mit der Nadel um ihren Hals befestigt, doch war
es über ihre Schultern zurückgeworfen, so daß es, in
Falten zusammen gedrängt, auf ihrem Rücken herabhing,
wodurch ihr leichtes Gewand dem Luftzuge freieren Zu-
tritt zu ihrer Körperfülle gewähren konnte.

So komisch die Toilette der Alten nun Armand
auch erschien, so war doch das Mitleid, welches er für
dieselbe empfand, stärker, als der Reiz zum Lachen, und
im Vorübergehen an ihr nickte er ihr freundschaftlich zu,
und sagte:

Du bist meine gute, alte Suly!

Die Küche fand er gänzlich umgestaltet. Vor Allem
waren die bis in den Schornstein auflodernden Flammen
mit ihrer sengenden Gluth in dem Kamine bis auf ein
Kohlenfeuer verkleinert, über welchem der glimmende
Baumstamm, kaum hier und dort von einem ohnmächti-
gen Flämmchen umleckt, nur von Zeit zu Zeit glühende
Kohlen von sich abwarf, von denen die neue Haushälterin
den Bedarf hervorzog, um ihn unter die auf der Marmorplatte stehenden Töpfe und Pfannen zu schieben.

Der große Stoß von Reiserholz, welcher stets neben dem
Kamine aufgethürmt stand, so wie die vielen umherliegen-

den großen und kleinen, von Ruß geschwärzten Lappen und Lumpen waren verschwunden, und statt letzterer lag ein grobes, doch sauberes Handtuch zum Gebrauche bereit auf der Bank, auf welcher die Haushälterin mit vorgebundener weißer Schürze saß, und ihre von Aermeln entblößten, schönen Arme geschäftigt rührte.

Alles war sauber und geordnet in der Küche; der lange Tisch war blank gescheuert, das viele Blechgeschirr, welches in Amerika das irdene vertritt, glänzte und blitzte, das Porzellan leuchtete mit schneeigem Weiß und auf dem Gesimse über dem Kamine prangten zwei große, prächtige Blumensträuße.

Drittes Capitel.

Armand fühlte sich sehr angenehm überrascht, und trat, wohlgefällig um sich schauend, mit den Worten zu der Haushälterin hin:

Allerliebst, Fräulein Flöte, Sie haben ja schon deutsche Ordnung hier eingeführt; nun kann der Gedanke an die Küche das Mahl nur würzen.

Ordnungsliebe und Reinlichkeit sind der Jungfrau schönste Zierden, rein wie die Nebelwölkchen im rosigen Morgenroth und geregelt wie die Bahnen der goldenen Sterne am Himmelszelt, entgegnete die Haushälterin, indem sie die Hand von dem Topfe mit schmorenden Erbsen wegzog, und durch eine leichte graziöse Bewegung derselben ihre Worte begleitete. Haben Sie Clauren gelesen, Herr Armand, seine Mimili — sein Tornisterlieschen? setzte sie noch mit gehobener Stimme hinzu.

Nein, Fräulein Flöte, ich war nicht so glücklich, antwortete Armand lächelnd.

. O, wie freue ich mich darüber! So werde ich Ihnen einige seiner Schriften, die ich wie ein Heiligthum mit mir durch das Weltmeer trug, verehren können, fuhr die Haushälterin begeistert fort.

Sie sind sehr gütig, Fräulein; was ich aber von Clauren gehört habe, so schrieb er mehr für schwärmerische Jungfrauen, als für einen prosaischen Hinterwälbler, wie ich es bin. Apropos, ich wollte Sie bitten, ein Verzeichniß aufzustellen von allem, was Sie noch in meinem Haus- und Küchenwesen vermissen, da ich Sie gegen Abend ersuchen wollte, mit mir nach dem Städtchen zu reiten, um dort die Sachen einzukaufen; ich selbst verstehe mich sehr schlecht darauf.

Mit Freuden, Herr Armand, gleich nach Tisch will ich es besorgen. Sie müssen mir aber auch gelegentlich die Gerichte nennen, welche in Deutschland zu Ihren Lieblingsspeisen gehörten, damit ich mich Ihnen nicht allein nützlich, sondern auch angenehm machen kann. Sie haben ja hier einen Ueberfluß an Allem: Wildpret, Fische, Geflügel, und welch' prächtige Kälber habe ich in Ihrer Heerde gesehen; ich werde Ihnen dieser Tage einmal einen Kalbsbraten liefern, wie Sie ihn in Deutschland nicht besser gekostet haben.

Ja, ja, Kalbsbraten, lachte Armand auf, das würde mir ein theures Gericht sein! Ein Kuhkalb gibt mir schon über ein Jahr wieder ein Kalb, und ein männliches Kalb wiegt nach drei Jahren sechshundert Pfund im Werthe von dreißig Dollars. Man würde mich für geisteskrank erklären, wenn man hörte, daß ich ein Kalb geschlachtet hätte. Den Kalbsbraten wollen wir von der Speisekarte streichen; alles Uebrige überlasse ich Ihrer Wahl, und bin durch die Veränderung in der Küche schon im Voraus zufrieden gestellt.

Hiermit grüßte Armand die Häushälterin freundlichst und eilte dann seinen Geschäften nach, die er noch vor Tische zu besorgen hatte.

Die Mittagstafel war heute ganz anders gedeckt, als früher: das saubere Tischtuch hing auf den Seiten derselben gleich lang herab, Teller und Schüsseln waren in symmetrischer Ordnung darauf vertheilt, das Silberzeug blitzte und spiegelte, und in zwei zierlichen Vasen, welche stets leer über dem Kamine gestanden hatten, prangten geschmackvoll gebundene Blumensträuße auf der Mitte des Tisches.

Einen ganz wesentlichen Unterschied gegen früher aber fand Armand in den Speisen selbst, sowohl in deren äußerst schmackhafter Zubereitung, als auch in der netten, gefälligen Art und Weise, wie sie angerichtet waren, und wenn er auch lächelnd auf den gebratenen Hahn blickte, um welchen auf dem Rande der Schüssel zierliche Blättchen und Blümchen wie ein Kranz zusammengelegt waren und in dessen Schnabel eine Granatblüthe glühte, so machte der Anblick doch einen angenehmen Eindruck auf ihn.

Es schmeckte ihm so vortrefflich, daß er nach beendigtem Mahle sich nach der Küche begab, und Fräulein Flöte seine Anerkennung für ihr Verdienst aussprach.

Als die Sonne sich zu neigen begann, ritt Armand an der Seite seiner Haushälterin in das kaum eine halbe Stunde von seiner Besitzung gelegene neue Städtchen ein, und hielt vor einem großen Blockhause, dem Kaufladen des Herrn Baker, an.

Das Städtchen bestand aus einigen zwanzig Blockhäusern, die zerstreut hier und dort aus Gebüsch und Baumgruppen hervorsahen, und welche mit ihrer nächsten ungeordneten Umgebung deutlich zeigten, daß sie erst seit ganz kurzer Zeit hier aufgerichtet waren. Mehrere derselben dienten als Kaufläden, eine größere Zahl enthielten Trinklocale, in anderen trieben Schmiede, Schneider und Schuhmacher ihr Handwerk, und eins von ihnen war zum Gasthause hergerichtet.

Schon beim Reiten über den großen, freien Platz

vor Baker's Hause, an welchem sich mehrere Trinkhäuser
befanden, hatte die fremde Dame an Armand's Seite
Aufmerksamkeit erregt; als die beiden Pferde aber an
die Ständer unter der Veranda vor dem Laden befestigt
waren und die Reiterin mit ihrem Begleiter in denselben
eintrat, fand sich vor der Thür auch bald eine Anzahl
junger Leute ein, denn Frauenzimmer gehörten zu den
seltensten Artikeln in diesem fernen Grenzlande. Ein
junger Mann Namens Muston, von riesigem Körperbaue,
stand bereits an dem Ladentische, als Armand seine Begleiterin dem Herrn Baker als seine Haushälterin vorstellte und ihn bat, alle Gegenstände, welche dieselbe auswählen würde, packen zu lassen, so daß er sie am folgenden Morgen abholen lassen könne. Darauf verabschiedete
er sich für kurze Zeit bei Fräulein Flöte, um schnell
noch Mehreres in der Stadt zu besorgen, und versprach,
bald zurückzukehren.

Muston, der junge Riese, hatte die fremde Dame
schon beim Eintreten mit Verwunderung angeschaut, bei
deren Vorstellung als Haushälterin aber hatte sich sein
Staunen noch mehr gesteigert. Als Armand nun den
Laden verließ, legte Muston die schwere Axt, die er
spielend in seinen großen, harten Händen gewiegt hatte,
auf den Tisch, nahm ein Stück Kautabak aus seinem
Munde, wischte sich die Lippen auf dem Aermel seiner

Lederjacke und trat mit einer plumpen Verbeugung und den Worten zu Fräulein Flöte:

Wenn ich recht gehört habe, Fräulein, so sagte Herr Armand, daß Sie in seinen Diensten ständen? Theodora blickte überrascht zu dem kolossalen, aber schön geformten, wenn auch roh und wild aussehenden Manne auf, und sagte in ziemlich gutem Englisch: Ja wohl, mein Herr, ich führe ihm den Haushalt.

Erlauben Sie aber, Fräulein, eine weiße Dame kann doch unmöglich dienen, das thun nur Farbige. Sie sind, wie es scheint, fremd in diesem Lande und kennen unsere Gebräuche nicht; Herr Armand sollte sich aber geschämt haben, eine weiße Lady zu seiner Dienerin zu machen; hier zu Lande hält man keine weißen Sclaven.

Sie sind im Irrthum, mein Herr, engegnete die Haushälterin, mit freundlichem Lächeln den Riesen betrachtend, Herr Armand behandelt mich nicht als Sclavin; er ist äußerst liebevoll gegen mich, und ich war sehr froh darüber, den Dienst zu bekommen, denn ich fühlte mich bei meiner Ankunft in New-Orleans sehr fremd und verlassen.

Froh, einen Dienst zu bekommen, Fräulein, fuhr Muston mit wild aufglänzendem Blicke fort, einen Dienst, wo Sie die Herrin sein können? Sehen Sie, dieser Armand hat ebenso angefangen, wie ich es jetzt thue; er ist

arm in das Land gekommen, hat sich eine Farm ge=
gründet, und ist nun ein reicher Mann. In einigen
Jahren bin ich auch ein reicher Mann; denn was Arbeit
anbetrifft, so kann ich Ihnen sagen, da thut es mir
Keiner gleich.

Dabei schlug Muston mit seiner Rechten auf seinen
ungeheuern linken Arm, daß es wie ein Pistolenschuß
knallte.

Herr Baker stellte in diesem Augenblicke eine Menge
Blechgeschirr vor Theodora auf den Tisch, und wollte
ihre Aufmerksamkeit darauf lenken; doch die herculische
Gestalt des Hinterwäldlers fesselte noch ihren Blick, und
dieser richtete sich noch höher auf, und sagte:

Ich heiße Muston, Fräulein, und ich glaube, daß
ich einen so guten Ehemann abgebe, als einer an dieser
Grenze lebt. Ueberlegen Sie Sich die Sache; bei mir
sind Sie Herrin, und ich bin Ihr Diener.

Aber, mein Herr, entgegnete Theodora mit noch
freundlicherem Blicke, und schlug dann wie verschämt
die Augen nieder, ich kenne Sie ja gar nicht! Wie kann
ein junges Mädchen....?

Ich sage Ihnen, überlegen Sie es Sich und er=
kundigen Sie Sich nach Muston, ob er nicht ein ganzer
Mann ist, fiel ihr der Hercules ins Wort, und klopfte
sie zutraulich auf die Schulter.

Das kann ich Ihnen bezeugen, Herr Muston, sagte Baker, ihn unterbrechend; nun lassen Sie mich aber erst ungestört meine Geschäfte mit dem Fräulein beenden.

Nun gut, so will ich gehen. Ueberlegen Sie Sich die Sache, Fräulein; ich hole mir Ihre Antwort, versetzte der Koloß, reichte ihr mit einem glühenden Blicke die Hand, und ging dann mit einem stolzen: Guten Abend, Gentlemen! zwischen der jetzt eintretenden Schaar junger Männer zur Thür hinaus.

Theodora schien sichtbarlich bewegt, ihre Augen glänzten und ihre Wangen waren sehr geröthet; mit großer Geschäftigkeit jedoch besorgte sie jetzt die Einkäufe, und als Armand bald darauf zurückkehrte, hatte sie alles Nöthige ausgewählt und erstanden. Dieser zahlte schnell die Rechnung, half dann der Haushälterin auf ihr Pferd, bestieg das seinige, und eilte mit ihr zum Städtchen hinaus seiner Wohnung zu, denn die Sonne war schon hinter den blauen Gebirgen versunken und die Schatten des Abends legten sich über die Erde.

In Armand's Häuslichkeit hatte sich bald nach Theodora's Eintritt Alles zu seiner höchsten Zufriedenheit umgestaltet. Eine recht behagliche Ruhe war über ihn gekommen, denn er brauchte nach nichts in dem Hauswesen zu sehen, brauchte sich um nichts zu bekümmern — Alles ging wie ein Uhrwerk. Wenn er

sich von seiner Wohnung entfernte, so freute er sich schon
auf seine Rückkehr in dieselbe, und gar oft dachte er
mit einem „Gottlob!" an die vergangene Zeit zurück,
wo Suly noch in Haus und Küche regierte.

So verstrich in ungetrübter Heiterkeit und Gemüth-
lichkeit die vierte Woche, und es war Sonntag Morgen,
als Armand sich nach dem Frühstücke in sein Wohnzimmer begab, um Toilette zu machen. Er war gerade
mit Rasiren beschäftigt, da öffnete sich hinter ihm
die Thür, und er sah vor sich im Spiegel die Haushälterin, welche in schwarz = seidenem Gewande herein-
rauschte.

Nun, Fräulein Flöte, wollen Sie zur Kirche reiten?
fragte er, sein halb vom Barte befreites Gesicht nach
ihr umwendend, und sah sie mit Ueberraschung an, denn
so aufgeputzt hatte er sie noch nicht gesehen. Dabei
glänzten und leuchteten ihre Augen, ihre Wangen glühten,
und auf ihren Lippen schien ein beseligendes Wort zu
liegen? Nun? fragte Armand halb ungeduldig.

Ach verehrter Herr Armand, ich muß — ich muß
Ihnen mein Herz ausschütten, ich muß meiner Seligkeit
Worte geben, ich muß es Ihnen sagen — ich bin
Braut — bin glückliche Braut von einem Manne, der
mich liebt, innig, herzinnig liebt! O, wo soll ich Aus-
druck finden für das Gefühl . . . .

Fräulein Flöte, sind Sie des Teufels — sind Sie
toll geworden? Kaum vier Wochen sind Sie bei mir
und nun denken Sie schon an Heirathen? rief Armand
zu Tode erschrocken ihr entgegen, und warf das Messer
auf den Tisch.

O, er liebt mich so sehr, so heiß, so innig! sagte
Theodora mit einem seligen, tiefen Athemzuge, preßte
beide Hände auf ihr Herz and hob ihren wonnestrahlenden
Blick nach oben.

Zum Henker, wer liebt Sie denn? Seien Sie doch
vernünftig, Fräulein Flöte! rief Armand in höchster Aufregung.

Ach, ein edler Mensch, ein reiner, wenn auch roher
Diamant, stöhnte die Haushälterin wieder, ein Mann,
der mich hoch beglücken wird! Es ist Herr Muston,
der sich nicht weit von hier eine Farm zu gründen beschäftigt ist.

Muston — dieses Ungeheuer, dieser Lump? Ich
bitte Sie um Gottes Willen, Fräulein Flöte, bedenken
Sie, was Sie thun — machen Sie sich doch nicht
unglücklich — der Kerl hat ja nichts auf der Welt, als
was er auf dem Leibe trägt!

Was ist Gold, Purpur und Sammt in der Schale
gegen ein liebendes Herz! seufzte Theodora mit einem
wonnetrunkenen, schmachtenden Blicke über sich.

Er hat ja nicht einmal ein Obdach), unter dem er Ihnen eine Wohnstätte bieten könnte; wollen Sie denn unter Gottes freiem Himmel campiren?

Ist nicht das Himmelszelt mit seiner Juwelensaat das herrlichste Obdach? Wird die Liebe nicht ein Hüttchen von Reiserholz zum Palaste umzaubern? Wird nicht das Brod, welches der Geliebte meines Herzens mir reicht, zum köstlichsten Mahle werden? O, Herr Armand, wie wenig kennen Sie das zartbesaitete Herz einer deutschen Jungfrau, wie fremd, wie fern ist Ihnen das beseligendste, das erhabenste Gefühl, wie unbekannt ist Ihnen die Liebe, die Gottheit, die allein unser Erdenleben zu einem Paradiese machen kann! rief die Haushälterin in höchster Begeisterung, und streckte ihre gefalteten Hände ringend nach Armand aus, als flehe sie ihn an, sein eigenes Bestes erkennen zu wollen.

Sie sind verrückt, Fräulein Flöte! rief Armand in wachsender Aufregung. Sie sind aber auch undankbar gegen mich, daß Sie mich jetzt schon wieder verlassen wollen. Wissen Sie wohl, daß Sie mich bis hieher schon über fünfzig Dollars kosten — wer wird sie mir ersetzen? So bleiben Sie doch wenigstens bei mir, bis ich eine andere Haushälterin an Ihre Stelle erhalte!

Wie kann — wie kann ich die Sehnsucht meines

Leander noch länger auf die Folter spannen? Sind die acht Tage und acht Nächte bis zum nächsten Sonntage, der unseren seligen Bund schließen soll, nicht so viele Ewigkeiten? versetzte Theodora flehend. O, Herr Armand, haben Sie denn nie geliebt?

Armand's Zorn hatte seinen Höhepunkt erreicht; er wurde kalt, trat an die Thür, öffnete dieselbe, und sagte mit festem, verächtlichem Tone: So folgen Sie Ihrem Glücke, Fräulein; verlassen Sie mich aber noch heute, ich behalte Sie nicht länger unter meinem Dache!

O, Sie hochherziger Mann, wo soll ich Worte finden für mein Dankgefühl? sagte Theodora stürmisch. Noch heute also darf ich meinem Leander angehören!

Dabei wollte sie Armand's Hand ergreifen; dieser aber zog sie entrüstet zurück, winkte zur Thür hinaus, und die Haushälterin folgte mit einem seligen Lächeln seiner Aufforderung.

Muston, der Geliebte, welcher außerhalb der Ein= zäunung auf das Erscheinen seiner Braut gewartet hatte, um sie nach dem wenige Meilen entfernten Blockhause, wo Kirche gehalten wurde, zu geleiten, vernahm sein un= verhofft jetzt schon nahendes Glück von Theodora's freude= bebenden Lippen, und bald darauf schritt er, mit ihrem sämmtlichen Hab und Gut beladen, an ihrer Seite der

Kirche zu, um sich mit ihr nach gehaltenem Gottesdienste von dem Geistlichen den kirchlichen Segen geben
zu lassen.

Armand's Stimmung war eine entsetzliche; der
Himmel, den er sich so eben in seinen vier Wänden
gegründet hatte, war über ihm zusammengestürzt, und
eine trostlose Verstörung trat an dessen Stelle. Was
sollte er thun, was sollte er beginnen, um nur einiger
Maßen seine häuslichen Angelegenheiten in der nun schon
gewohnten angenehmen Bahn zu erhalten?

Rathlos und ohne einen Ausweg finden zu können,
schritt er im Zimmer auf und ab, und mit Entsetzen
wehrte er immer wieder das vor ihm aufsteigende Bild
der alten Suky von sich zurück. Was half aber alles
Wehren, alles Sträuben, ein Mittagsessen mußte bereitet
werden, und mit verzweifelter Ergebung in sein Schicksal
verließ er endlich das Haus und ging der kleinen Wohnung
seiner alten, treuen Dienerin zu.

Suky saß in ihrem Sonntagsstaate, in einem scharlach-
rothen Kattunkleide, in der Thür des Blockhauses, hielt,
obgleich sie nicht lesen konnte, eine große Bibel in der
Hand, und schaute verwundert ihrem Herrn entgegen;
denn daß etwas Ungewöhnliches, und zwar nichts Erfreu-
liches geschehen war, konnte sie auf seinem Gesichte sehen.

Suky, sagte Armand zu ihr, indem er ihrem Blicke

zu begegnen vermied, du mußt in die Küche gehen und
das Mittagsessen bereiten; Fräulein Flöte hat mich verlassen.

Wie von einem elektrischen Funken getroffen, schoß
die Alte empor und ließ die Bibel auf die Bank neben
ihr fallen. Als ob sie noch daran zweifle, was sie gehört hatte, öffnete sich ihr Mund immer weiter, und ihre
Augen wurden immer größer.

Suky Mittagsessen kochen? stotterte sie endlich mit
zitternder Stimme hervor und sah ihren Herrn mit
immer mehr Hoffnung strahlenden Blicken fragend an.

Ja, Suky, Du mußt wieder in deine alte Stelle
treten; die Flöte ist fort und kommt nicht wieder. Ich
will nun einmal sehen, ob Du nicht Alles eben so gut
besorgen kannst, wie sie, antwortete Armand mit einem
Tone, in welchem schon die Verneinung dieser Frage lag.

Eben so gut, Herr, noch besser, Herr! jubelte Suky,
und ihr ganzer Körper schien sich zu schütteln. Dabei
trat sie mit so eiligen, kleinen Schritten den Weg nach
der Küche an, als mache sie den Versuch, sich in Trab
zu setzen, und half ihren Bewegungen mit beiden Armen
wie mit einem Ruderpaare nach.

Armand hatte sich rasch von ihr abgewandt, als
wolle er ihren Triumphzug in ihr altes Reich nicht mit
ansehen; als er aber nach Verlauf von einer halben

Stunde unter die Veranda trat und unwillkürlich nach
der Küche schaute, da stand Suky in ihrer Toga in der
Thür, und hinter ihr schlugen die Flammen lodernd in
dem Kamine empor.

Noch an diesem Abend ging ein Brief an Doebler
in New-Orleans ab, in welchem Armand dem dienstbe-
reiten Freunde sein Unglück mittheilte und ihn bat, ihm
sobald als irgend möglich eine andere deutsche Haushälterin anzuschaffen und zuzusenden. Er machte aber
die weise Vorschrift dabei, daß es nicht wieder eine neun-
zehnjährige Jungfrau sein solle, sondern ein Mädchen
von gesetzterem Alter und, wenn er die Auswahl habe,
lieber von etwas weniger Schönheit.

Abermals trat nun eine Armand's Geduld folternde
Zeit ein, denn mit jedem Tage wurde ihm der Gedanke
an die kochende gute Suky unerträglicher, obgleich er es
mit eiserner Festigkeit vermied, auch nur Einen Blick
nach der Küche zu thun.

Für Suky aber hatte sich der Himmel wieder auf-
gethan, sie war wieder Selbstherrscherin in ihrem
Heiligthume, und in der Gluth der Flammen, die vor
ihr aufwirbelten, regierte sie in ihrem leichten Gewande
mit Schaufel und Zange die Töpfe, Pfannen und Kannen
auf der Marmorplatte vor dem Kamine.

Armand speiste nur selten zu Hause, obgleich er,

wohin er kam, mit seinem Verluste, mit der weißen Sklavin geneckt wurde.

Namentlich Berenice Nordwood ging erbarmungslos mit ihm um und nannte es eine gerechte, wohlverdiente Strafe für sein Verbrechen, eine weiße Dame zur Leibeigenen gemacht zu haben, daß er jetzt seine Pfauhähne wieder von der schwarzen Göttin braten lassen müsse.

Dieses Mal aber sollte Armand's Sehnsucht nicht so lange unbefriedigt bleiben, denn schon mit Ablauf der dritten Woche, nachdem der Brief nach New-Orleans abgegangen war, wurde er Abends durch den Anblick einer auf seine Wohnung zutrabenden Reiterin freudig überrascht. Er hatte sich in seiner Hoffnung, daß sie die erwartete neue Häushälterin sei, nicht getäuscht, denn derselbe Neger, welcher Theodora Flöte hieher geführt hatte, lenkte, mit verschiedenen Reisebündeln beladen, den Weg der Nahenden gerade nach Armand's Einzäunung. Dieser war aber bereits selbst an das Gitterthor gesprungen und hieß, dasselbe eilig öffnend, die Fremde froh und freudig willkommen, indem er sich ihr als den Herrn vorstellte, der sie um ihre Dienste habe ersuchen lassen.

Mit einer ungezwungenen, freundlichen Verbeugung erwiederte das Mädchen den Gruß, ließ schweigend ihr Pferd durch Armand an die Absteigestelle leiten, und

6*

reichte ihm dort die Hand, an der er sie die Stufen hinab und dann nach dem Wohnhause führte.

Ihre Gestalt war groß und stark, doch von außerordentlich feinen, schönen Formen; auf ihren edlen Gesichtszügen ruhte ein lieblicher, anspruchsloser Ausdruck, und in ihren prächtigen, blauen Augen standen Milde und Herzensgüte geschrieben. Sie trug ein einfaches, braunes Kattunkleid und einen amerikanischen Sonnenhut von weißem Leinen, der in luftigen Falten um ihren Kopf bis auf ihre Schultern herabhing. Im Hinauftreten unter die Veranda nahm sie den Hut ab, strich die schweren, kastanienbraunen Locken zurück und drückte die riesigen, an ihrem Hinterkopfe befestigten Haarflechten fest.

Nochmals, seien Sie mir herzlich willkommen, Fräulein! sagte Armand zu ihr, indem er sie nach dem Empfangszimmer geleitete. Darf ich mir nun Ihren werthen Namen ausbitten?

Louise Raab ist mein Name und Sachsen-Gotha ist meine Vaterstadt, erwiederte das Mädchen mit einer silberhellen, klangreichen Stimme. Wenn Sie aber erlauben, Herr Armand, so setze ich mich; die Reise hat mich mehr angegriffen als ich es erwartete.

Ich bitte sehr, Fräulein! sagte Armand, entzückt von dem angenehmen Eindrucke, den die Fremde auf ihn machte, und führte sie bei ihrer auffallend kleinen, schönen Hand nach dem Sopha.

Sie müssen eine Erfrischung zu sich nehmen, Fräulein Raab; darf ich Ihnen ein Glas Wein vorsetzen? fuhr Armand mit größter Artigkeit fort.

Ich danke sehr für Wein; wenn Sie aber die Gewogenheit haben wollten, mir ein Glas Milch reichen zu lassen, so würden Sie mich damit sehr laben, antwortete das schöne Mädchen mit natürlicher Unbefangenheit, indem sie sich höflich verneigte.

Armand sprang selbst hinaus nach dem Milchhause, und kehrte schon nach wenigen Minuten mit dem begehrten Labetrunk zurück.

Hier, Fräulein Raab, ich kredenze Ihnen den ersten Trunk unter meinem Dache auf ein recht langes, recht freundliches Einvernehmen zwischen uns Beiden. Betrachten Sie sich ganz als Herrin in meinem Hause, denn daß Sie Alles zu meiner Zufriedenheit einrichten werden, davon bin ich im voraus überzeugt.

Ich werde wenigstens thun, was in meinen Kräften steht, um Sie zufrieden zu stellen, und da ich schon über ein Jahr in New-Orleans in einem Gasthofe der Wirthschaft vorstand, so bin ich mit amerikanischen Einrichtungen und Gebräuchen schon ziemlich vertraut, entgegnete Louise, nachdem sie von der ihr gereichten Milch ge-

trunken hatte und das Glas neben sich auf den Tisch
stellte.

Um des Himmels willen, Fräulein, die amerikanischen
Gebräuche sind es gerade, die Sie aus meinem Hause
fern halten sollen; ich will in deutscher Weise leben!
fiel Armand ihr in da Wort.

Nun, das kann ich noch leichter übernehmen, denn
ich war mehrere Jahre Wirthschafterin auf einem Ritter-
gute in Deutschland. Wenn Sie nur die Gewogenheit
haben wollen, mir es immer offen zu sagen, wenn ich
etwas nicht ganz nach Ihrem Wunsche besorge, so werde
ich mich gern bescheiden lassen.

So sind Sie schon längere Zeit in diesem Lande?
fragte Armand theilnehmend.

Ueber ein Jahr, Herr Armand. Mein Vater war
Staatsdiener in Gotha, und als meine gute Mutter vor
zehn Jahren starb, übernahm ich als einziges Kind die
Führung des Haushalts. Ich war damals achtzehn
Jahre alt, hatte gelernt, was einer deutschen Hausfrau
zukommt, scheute mich vor keiner Arbeit und ersparte
meinem seligen Vater eine Haushälterin und vielen Aerger.
Er starb vor fünf Jahren und hinterließ mir außer
seinem guten Namen sehr wenig für mein Fortkommen
im Leben. Darauf nahm ich die Stelle auf dem Ritter-
gute an, hörte aber so viel von den glänzenden Aussichten

in diesem Lande für arbeitsame Mädchen, daß ich hierher auswanderte. Ich stand ja ganz allein in der Welt. In New-Orleans behandelte und bezahlte man mich sehr gut, doch das Klima sagte mir nicht zu, und als mir Herr Doebler Ihren Wunsch mittheilte, besann ich mich auch nicht lange, die Stelle bei Ihnen anzunehmen. Das Land hier ist schön, die Luft rein und gesund, und so hoffe ich, daß mir das Leben hier zusagen wird.

Was ich dazu beitragen kann, Fräulein, das verspreche ich mit allen Kräften zu thun; ich schaffe mir ja selbst dadurch das größte Glück, versetzte Armand in seiner Freude, einen so ausgezeichneten Ersatz für die gewissenlose Theodora erhalten zu haben.

Ihre Sachen ließ ich in Ihr Zimmer bringen, Fräulein Raab, fuhr er dann fort; dort ist Alles zu Ihrem Empfange bereit, und ich überlasse es Ihnen, sich für die Folge ganz nach Ihrem eignen Geschmacke einzurichten. Es wird Ihnen wünschenswerth sein, sich von Ihrer Reise etwas zu erholen; darf ich Sie nach Ihrem Gemache geleiten?

Wenn ich darum bitten darf, Herr Armand, erwiederte Louise, nahm ihren Hut und den Teller mit dem noch halb mit Milch gefüllten Glase und folgte Armand in den Corridor, wo derselbe sie nach ihrer Stube führte.

Dann verabschiedete er sich mit dem Bemerken, daß erst in einer Stunde das Abendessen ihrer harren würde.

Mit jubelndem Herzen schritt er aus dem Hause und der Küche zu, um abermals den Stab über Suky's Herrschaft zu brechen. Sie that ihm leid, doch dieses Mal konnte es ihr gar nicht so schmerzlich sein, als das erste Mal. Es schien, daß die Alte schon eine Ahnung von dem ihr drohenden Schicksale erhalten habe, denn sie saß zusammengekauert in der Küchenthür und heftete einen bangen Blick auf ihren nahenden Herrn.

Meine neue Haushälterin ist angekommen, Suky, sie wird Dir gefallen, sagte Armand freundlich zu der Alten, die sich langsam emporrichtete.

Suky sehr gut gefallen, Herr, antwortete diese mit erzwungen heiterem Tone, während Niedergeschlagenheit und Ergebung auf ihrer ganzen Erscheinung lag.

Morgen nach dem Frühstück werde ich sie hieher bringen, fuhr Armand fort.

Suky Tuch umthun und Kartoffeln schälen, sagte sie, um ihre Bereitwilligkeit, die Regierung wieder auf= zugeben, ihrem Herrn darzuthun. Ihr Blick aber war traurig, und Leid und Weh standen auf ihren Zügen geschrieben.

Louise Raab erschien beim Abendessen in demselben einfachen Anzuge, in welchem sie angekommen war; nur hatte sie ein sauberes Spitzchen um ihren Nacken gefügt, welches aus dem Kleide anspruchslos hervorsah. Ihr wundervolles Haar aber war frisch geordnet und aufgesteckt, und glänzte im Wiederscheine der Lichter, die auf der Tafel standen.

Ihr Benehmen war vornehm, vollständig frei und ungezwungen, doch lag Bescheidenheit in jedem ihrer Blicke, in jeder ihrer Bewegungen. Im vollsten Einklange damit stand ihre Unterhaltung, aus welcher Armand sehr bald erkannte, daß viel auf ihre Erziehung und ihren Unterricht verwandt worden war, so wie es ihr ganzes Wesen bekundete, daß sie sich von Jugend auf in sehr gewählter, guter Gesellschaft bewegt haben mußte, und daß nur die eiserne Nothwendigkeit sie in die Lebensstellung getrieben hatte, welche sie nun seit einer Reihe von Jahren einnahm.

Armand fühlte sich unendlich wohl in ihrer Nähe, und es waren die Klänge aus seiner Jugendzeit, die ihn wie heilige Schauer umwehten, und lange noch nach dem Abendessen saß er mit der deutschen, edlen Jungfrau im Schatten des Mondlichtes unter der Veranda und lauschte ihren verständigen, gefühlvollen Worten, in denen sich die Reinheit, die Frömmigkeit ihrer Seele spiegelte.

Nachdem Louise zur Ruhe gegangen war, schritt Armand im Uebermaße seines Glückes unter der Veranda auf und ab, und überdachte, was er nun zu thun habe, um sich dieses Glück zu erhalten. Es war schon seit Jahren zur festen, unumstößlichen Ueberzeugung bei ihm geworden, daß alle die vielen schweren Leiden, die er getragen und die ihn schon so oft in der Welt und mit den Menschen entzweit, doch immer zuletzt zu seinem Besten, zu seinem Heile gewirkt hatten, und er sandte seinen heißen Dank zum Himmel, daß er ihn von jener tollen Person, der Mamsel Flöte, befreit hatte. Er beschloß, die neue, ehrenwerthe Haushälterin wie ein Heiligthum zu hüten und sie der Außenwelt möglichst fern zu halten; denn die achtundzwanzig Jahre, die sie zählte, thaten weder ihrer Schönheit noch dem Zauber ihres Wesens den mindesten Abbruch. Die einzige Sicherheit für Armand, daß sie sich nicht so leicht von ihm wenden werde, lag in ihren verständigen praktischen Lebensansichten und in ihrer Ruhe, obgleich Armand's Menschenkenntnisse ihm wohl sagten, daß diese Ruhe, von einem edlen Grunde angeregt, leicht in unaufhaltsamen Sturm übergehen könne. Auf ihre Bildung baute er seine größte Hoffnung, denn nur einem gebildeten Manne konnte dieses Mädchen ihre Neigung zuwenden — und wo sollte sie an dieser Grenze der Civilisation wohl einen solchen finden?

Vollständig beruhigt über seine Besorgnisse, suchte

Armand endlich sein Lager, und die angenehmsten Träume umgaukelten seine vergnügte Seele bis zum anbrechenden Morgen.

Wie bei der Einführung der ersten Haushälterin, so gab Armand auch dieser die Geschichte Suky's zum Besten und erbat sich ihre Nachsicht und Freundlichkeit für die alte, treue Dienerin.

Louise sprach nur wenige Worte zu der Alten: es lag aber in ihnen eine solche Milde und Theilnahme, daß Suky in tiefster Seele davon ergriffen wurde und weinend ihr die Hände küßte.

Jetzt blieb auch beim Kartoffelschälen, Holztragen, Wasserholen und Waschen Suky's ganze Gestalt mit dem Tuche umhüllt, und ein freudiges, glückliches Lächeln glänzte auf ihren Zügen wenn ihr Herr an ihr vorüberschritt.

Armand's Zufriedenheit und Glück waren jetzt vollkommen, so daß er sich gar nicht mehr von Hause entfernen mochte, wenn es die Nothwendigkeit ihm nicht gebot.

So waren bereits sechs Wochen verstrichen, als er eines Tages einen Pflanzer sprechen mußte, der sehr weit von ihm wohnte, und er ritt gleich nach dem Frühstücke davon, mit dem Bemerken gegen die Haushälterin, daß er erst zum späten Abendessen zurückkehren könne.

Louise wollte den Tag benutzen, um vielerlei Arbeiten für sich selbst vorzunehmen, und da die vom Frühstücke übrigen Speisen vollkommen hinreichten, um ihr ein Mittagsbrod zu geben, so beschloß sie, kein solches besonders zu bereiten, sondern überließ es Suky, für sich und die anderen Diener nach Belieben zu kochen.

Bald, nachdem Armand fortgeritten war, setzte sie sich mit ihrer Näharbeit unter die kühle Veranda vor dem Hause, wo die frische, labende Morgenluft sie umspielte, während die Vögel in dem dunkeln Laube der Bäume, die das Haus überschatteten, ihre Morgenlieder sangen und der melodische Glockenton der in die Weide ziehenden Heerden aus weiter Ferne über die saftige Grasflur zu ihr herüber schallte.

Die Sonne stieg höher, die Gluth ihrer Strahlen steigerte sich, die Vögel verstummten, und über der nach dem Flusse sich hinabsenkenden Grasfläche vor dem Hause zitterte die Hitze.

Regungslosigkeit und Stille lag auf der Gegend, und Louise hatte eben das kleine, blauseidene Tuch von ihrem schönen Nacken genommen und es neben sich auf den Tisch gelegt, als sie in der Ferne seitwärts von dem Hause einen Mann des sandigen Weges kommen sah, der unmittelbar vor der Einzäunung vorüberführte.

Sie hatte wieder eine Zeit lang auf ihre Näharbeit geschaut, als die Tritte des nahenden Fremden ihre Aufmerksamkeit abermals auf denselben lenkten. Er war ein schlanker, schöner junger Mann mit sonnengebräuntem Gesichte und großen, schwarzen Augen. Er schien ein Arbeiter zu sein, denn er ging in Hemdärmeln, und trug eine schwere Holzaxt auf der Schulter. Die grau= leinene Hose, so wie das Hemd, in welchen seine Kleidung bestand, waren auch nicht sauber, und der alte, breit= randige Strohhut, unter dem eine Fülle reicher, glänzend schwarzer Locken hervorquoll, war schon sehr schabhaft. Dennoch war er nach Louisens Meinung kein gewöhn= licher Arbeiter, denn es lag etwas in seiner ganzen Er= scheinung, in seinem Gange, selbst in der Art und Weise, wie die Axt auf seiner breiten Schulter lag, was mehr zu einem jungen Manne paßte, der andere Kleidung und andere Beschäftigung gewohnt war.

Jetzt kam er auf die Einzäunung zugeschritten und heftete seinen Blick mit augenscheinlicher Verwunderung auf Louise. Er war wirklich ein schöner Mann von edlen Zügen und musculösem, doch feinem Baue. wiß wollte er Herrn Armand sprechen, denn er trat, den Blick auf Louise gerichtet, an die Einzäunung.

Wollten Sie es mir erlauben, Fräulein, daß ich mir zu einem frischen Trunke verhelfe? Die Hitze ist erdrückend, sagte er, indem er seinen Strohhut abnahm und sich höflich verneigte. Er sagte und that dies nicht wie ein gewöhnlicher Arbeiter, sondern wie ein Mann, dem von Jugend auf feine Sitten eigen waren.

Sehr gern, mein Herr, antwortete Louise, sich er- hebend, und deutete mit der Hand nach dem Eimer, der hier wie bei allen Pflanzern neben der Thür unter der Veranda mit frischem Wasser gefüllt stand.

Mit noch einer zweiten Verneigung, wie die des Dankes, öffnete der Fremde nun rasch die Gitterthür, und trat mit dem Hute in der Hand die Treppe herauf unter die Veranda. Entschuldigen Sie, Fräulein, wenn ich Sie in Ihrer Beschäftigung unterbrach! sagte er, sich nochmals verneigend, und schritt nach dem Eimer, wo er den Schöpfkürbiß ergriff und ihn gefüllt zu seinen Lippen führte.

Louise hatte ein halblautes „Ich bitte!" hervor- gebracht und sich ebenfalls verneigt, als der Jüngling den Schöpfer wieder in den Eimer legte, dann seine Locken von der heißen Stirn zurückstrich, und sagte:

Um Vergebung, Fräulein, sind Sie eine Verwandte des Herrn Armand? Ich habe früher nie das Glück gehabt, Sie im Vorübergehen hier zu sehen.

Ueber Louisens Wangen flog ein leichtes Roth, und für einen Augenblick zögerte sie mit der Antwort;

dann aber erwiederte sie: Doch nicht, mein Herr, ich führe Herrn Armand den Haushalt, und bin erst vor Kurzem von New-Orleans hieher gekommen.

Den Haushalt? entfuhr des Jünglings Lippen mit einem Tone höchster Ueberraschung; dann aber, als ob er seine Worte bereue, sagte er schnell: Sie sind fremd in diesem Lande, wahrscheinlich eine Landsmännin von Herrn Armand?

So ist es, Herr, antwortete Louise etwas verlegen, weil sie aufgestanden war und der Fremde sich noch nicht wieder entfernte. Sie wollte sich nicht gern setzen, ehe er sie verlassen hatte, und da kein zweiter Stuhl unter der Veranda stand, so konnte sie ihm auch keinen bieten, was doch die Höflichkeit erfordert hätte.

Ich bitte aber, daß Sie wieder Platz nehmen, Fräulein, hob der junge Mann abermals mit einer artigen Handbewegung an, dann nur darf ich um die Erlaubniß bitten, mich hier in der Kühle einige Augenblicke von meiner Wanderung in der Sonne zu erholen; es ist ungewöhnlich heiß, und ich habe noch eine Meile bis nach Hause zu gehen.

So wohnen Sie in der Nähe? entgegnete Louise, indem sie sich niedersetzte. Ich meine, von Herrn Armand verstanden zu haben, daß sein nächster Nachbar zwei Meilen von ihm entfernt sei.

Dem ist auch so, antwortete der Fremde, denn
mich kann er noch nicht seinen Nachbar nennen, ja,
ich zweifle, ob er überhaupt von meiner Niederlassung
schon ein Wort gehört hat. Dieselbe liegt in einer
Biegung des Flusses, es führt kein Weg dorthin, und
im Vorüberreiten kann man sie nicht bemerken, weil ein
hoher Waldstreifen sie dem Auge verbirgt. Ich besitze
auch noch kein Haus, und habe kein anderes Obdach,
als eine roh aufgestellte Hütte von Reiserholz und
Flechtwerk, die ich noch mit Büffelhäuten überdeckt habe,
um sie gegen Sonne und Regen dicht zu machen. Aber
ein Feld nenne ich mein eigen, so gut und so schön,
wie es diese Gegend nicht besser aufzuweisen hat. Ich
habe fünf Acker mit Mais bestellt und zehn Acker mit
Baumwolle, welch letztere mir, so Gott will, tausend
bis zwölfhundert Dollars baares Geld einbringen soll.
Damit gedenke ich mir eine Negerin zu kaufen, die mir
im nächsten Jahre helfen soll, mir auch einen tüchtigen
Negermann anzuschaffen. Nach der Ernte will ich mir
dann auch ein Haus bauen.

Louise hatte mit Aufmerksamkeit dem jungen Manne
zugehört, und auch von Zeit zu Zeit ihn angesehen. Gern
hätte sie ihm einen Stuhl angeboten, denn er war gewiß
recht müde.

Demnach führen Sie aber ein recht beschwerliches

Leben. Haben Sie denn Niemanden, der Ihnen bei der Arbeit hilft? versetzte Louise, und begegnete mit ihren himmelblauen Augen theilnehmend den schönen, plötzlich hell aufglänzenden schwarzen Augen des Jünglings.

Es hat mir Niemand geholfen, erwiederte dieser mit dem Ausdrucke innerer Genugthuung; ich kam allein in dieses Land und habe keiner Hülfe bedurft, obgleich ich solche Arbeit nicht gewohnt war. Ich bin Advocat und war in Columbus in Georgien so eben zur Praxis zugelassen, als eine unüberwindliche Sehnsucht nach einem freien, natürlichen Leben mich erfaßte und mich bestimmte, in dieses schöne Land zu ziehen, um mir mit meiner Hände Arbeit eine Existenz zu gründen. Es schmeckt kein Brod so süß, wie das, welches man der Erde mit eigener Hand entnimmt. Noch habe ich es nicht bereut; der Himmel hat mich gesund erhalten, und das Schwerste liegt hinter mir. Hat man erst e i n e n schwarzen Arbeiter, so folgen die anderen leicht nach. Es ist aber ein einsames Dasein, welches ich führe, denn außer meinem treuen Hunde und meinem Arbeitspferde habe ich kein lebendes Wesen um mich.

Das ist freilich hart, bemerkte Louise, ohne aufzublicken; der Mensch bedarf der Mittheilung.

Und des Menschen Herz eines Herzens, fiel der

Jüngling ihr in das Wort, worauf Louise nicht ant=
wortete. Wenn ich mein Haus gebaut habe, darf ich
mich schon nach einem Herzen umsehen, doch nur, um
meinem Haushalte und mir selbst eine Herrin zu
geben.

Louise erröthete bei diesen Worten, sie neigte sich
tiefer über ihre Arbeit, und gab wieder keine Antwort.
Doch der junge Mann ließ keine Pause eintreten, sondern
fuhr fort:

Haben Sie die Kirche schon besucht, Fräulein?

Ich war am vergangenen Sonntag dort, erwiederte
sie, eifrig nähend.

Der Pfarrer ist ein tüchtiger Redner und ein
achtungswerther Mann; er ist auch aus Columbus,
und war dort in meines Vaters Hause sehr befreundet.
Er wohnt mir jedoch zu fern, als daß ich mich in
seinem Familienkreise manchmal von meiner Arbeit er=
holen könnte; um so regelmäßiger gehe ich aber zur
Kirche und treffe dort mit ihm zusammen. Leider
wurde ich gerade am vergangenen Sonntag davon ab=
gehalten, sonst würde ich um so viel früher das Glück
gehabt haben, Sie zu sehen, Fräulein.

Diesmal aber wollte Louise ihm die Antwort nicht
schuldig bleiben; sie sah lächelnd zu ihm auf, und

sagte: Und wahrscheinlich würden Sie mich gar nicht bemerkt haben.

Eben so gewiß wie diesmal, versetzte der Jüngling rasch; nur hätte meine Dreistigkeit mir einen frischen Trunk zu erbitten, mir nicht zu Hülfe-kommen können, um Ihre werthe Bekanntschaft zu machen. Darf ich aber nun, ehe ich mich Ihnen empfehle, auch noch die Bitte wagen, mir Ihren Namen zu nennen, verehrtes Fräulein?

Louise Raab ist mein Name; und mit wem habe ich . . . .

Ich heiße Arthur Adair, Fräulein, fiel der junge Mann schnell ein, und verbeugte sich dann, als wolle er hiermit Abschied nehmen.

Und ich habe Ihnen nicht einmal einen Stuhl angeboten, Herr Adair, sagte Louise wieder erröthend, und Sie hätten sich gewiß gern ein wenig geruht; es ist gerade jetzt die größte Hitze.

Wohl weilte ich gern noch in Ihrer Nähe, Fräulein, doch bedarf es dazu keines Stuhles, entgegnete Adair mit einem bittend liebevollen Blicke.

Nein, nein, das kann ich nicht sehen, versetzte Louise, rasch aufspringend, eilte in das Haus, und kehrte nach einigen Augenblicken mit einem Stuhle in der Hand zurück.

7*

Verzeihen Sie mir meine Unart, daß ich Sie so lange habe stehen lassen, sagte sie im Heraustreten zu dem jungen Manne, der ihr den Stuhl abnahm und einen innigen Dank hervorstammelte.

Er hatte seine Holzart an die Wand gestellt, seinen alten Hut daneben auf den Fußboden gelegt, und setzte sich nun Louisen gegenüber an die andere Seite ihres Arbeitstisches.

Die Mittagsstunde kam, und Adair saß noch immer bei der schönen Louise in traulicher Unterhaltung. Weder sie noch er dachten an ein Mittagsessen, so sehr waren ihre Seelen mit einander beschäftigt, und erst als die Sonne schon lange ihren Höhepunkt überschritten hatte, erhob er sich mit Freude und Hoffnung auf seinen Zügen, und verabschiedete sich mit warmen Worten des Dankes und der innigsten Verehrung. Auch auf Louisens Antlitz strahlte ein wonniges Gefühl, und als sie Adair zum Abschiede die Hand reichte, sagte sie es ihm zu, am folgenden Sonntag die Kirche zu besuchen.

Leichten, kräftigen Schrittes eilte er nun davon, winkte noch wiederholt nach Louisen zurück, und diese stand noch lange wie festgebannt an dem Pfeiler der Veranda, und schaute nach dem Flecke hin, wo Adair in dem Walde vor ihrem Blicke verschwunden war.

Armand kehrte Abends noch später zurück, als er

angedeutet hatte, fand aber ein vorzügliches Abendessen
vor. Nach eingenommenem Mahle begab er sich unter
die Veranda, wo um diese Zeit auch Louise, um die
erquickende Abendluft zu genießen, sich einzustellen pflegte.
Sie war aber nicht da, und erst, als er an ihre Zimmerthür trat und sie fragte, ob sie sich nicht noch ein wenig
im Freien erholen wolle, kam sie aus ihrer Stube
hervor. Sie war schweigsamer, als früher, und es
schien Armand, als ob sie mit ihren Gedanken abwesend wäre.

Auch am folgenden Morgen, als er sie bei ihren
Beschäftigungen im Hause anredete, fand er ihr Benehmen nicht so unbefangen, als sonst; es war, als
habe sie etwas auf dem Herzen, was ihr Interesse sehr
in Anspruch nähme. Sie war aber unverändert freundlich und aufmerksam, und machte Armand mehrere Vorschläge zu Verbesserungen in seinen häuslichen Einrichtungen, die ihm sehr erwünscht kamen.

Am folgenden Sonntage, gleich nach dem Frühstücke,
ritt Louise, von dem Mulattenknaben gefolgt, zur Kirche.
Heute trug sie ein schwarzes, seidenes Kleid; außerdem
aber war ihr Anzug einfach wie immer. Dennoch sah
man, daß sie Aufmerksamkeit darauf verwandt hatte,
denn der weiße Spitzenbesatz des Kleides um ihren Nacken
und um ihre Handgelenke war besonders sauber und nett

geordnet. Namentlich aber war ihr prächtiges Haar mit vieler Sorgfalt behandelt, und die schweren Locken zu beiden Seiten ihres lieblichen Gesichts hingen glänzend bis auf ihren Busen herab.

Schmuck trug sie keinen; er würde auch gegen den Schmuck, den die Natur ihr verliehen hatte, sehr werthlos und unschön erschienen sein. Auf ihren Wangen lag ein höheres Roth, als sonst, aus ihren Augen strahlte noch mehr Liebreiz hervor, und ihre edlen Züge trugen heute außer dem ihr eigenen Ausdrucke reinsten Seelenfriedens noch ein begeisterndes, beglückendes Gefühl zur Schau, welches ihr ganzes Sein wonnig zu bewegen schien. Das Maulthier, welches sie ritt, ging einen fliegenden Paß, so daß der lang auf ihre Schultern reichende weiße Zeinenhut hoch im Luftzuge flatterte und der Mulattenknabe ihr nur im Galopp folgen konnte.

Bald auch tauchte das Blockhaus, welches als Kirche diente, vor Louisen aus dem Walde auf, und je näher sie demselben kam, um so lebendiger durchspähte ihr Blick die Menge der Kirchengänger, die bereits auf der Anhöhe, auf der es stand, versammelt waren. Sie hatte aber den Fuß derselben auch noch nicht erreicht, als Adair ihr entgegen eilte, sie mit stürmischer Freude begrüßte, und sie von ihrem Maulthiere hob.

O, welch unaussprechliches Glück haben Sie mir

durch die Erfüllung Ihres Versprechens, durch Ihr Kommen bereitet, Fräulein Louise! sagte er im Drange seines Herzens, drückte ihre Hand in der seinigen, und sah ihr mit überwogender Freude in die seelenvollen, treuen Augen.

Mein Verdienst dabei ist nicht sehr groß, Herr Adair, da ich es so sehr gern gethan habe, antwortete Louise mit ihrer natürlichen Offenheit, und erwiederte seinen Blick und seinen Handdruck mit unverhohlener Wärme.

O, Fräulein Louise, wissen Sie es denn auch, daß ich es nun und nimmer würde ertragen können, wenn ich das Glück, welches mir Ihre Freundlichkeit, Ihre Huld gibt, jemals wieder entbehren müßte? fuhr Adair noch bewegter fort.

Das sollen Sie ja auch niemals, denn Sie werden mir selbst Ihre Freundlichkeit doch nicht wieder entziehen, antwortete Louise mit leiser, bewegter Stimme.

Ich — nimmermehr — ich verehre Sie, ich bete Sie an, Louise — ja, jetzt, ehe wir zur Kirche gehen, will ich es Ihnen sagen, daß ich Sie liebe, heiß und innig liebe! Nun seien Sie gut und mild mit mir, und sagen Sie es offen und ehrlich, ob ich hoffen darf.

Louise antwortete nicht, ihre Wangen erglühten, sie sah einen Augenblick vor sich nieder; dann aber schaute

sie Adair mit der ganzen Innigkeit ihrer Seele an, und
reichte ihm die Hand. Ja! sagte sie, indem Adair dieselbe zitternd in der seinigen hielt. Nun aber lassen
Sie uns zur Kirche gehen, wir möchten bemerkt werden.

Nein, nein, Louise! stammelte der wonnetrunkene
junge Mann. O, nenne mich Du, nenne mich Deinen
Arthur, ehe wir um diese Bäume treten! flehte Adair,
sie zurückhaltend.

Ja, mein Arthur, ich bin Dein mit meinem ganzen
Sein, sagte das liebende, fromme Mädchen, und trat
nun mit dem glücklichen Jüngling um die Baumgruppe,
die sie noch vor dem Blicke der Kirchengänger verborgen
hatte.

Der Pfarrer Johnson, ein würdiger, alter Herr,
der in der Nähe auf seiner Farm lebte, stieg eben von
seinem Pferde und ging in die Kirche, und die Ver-
sammlung folgte ihm nach.

Adair und Louise nahmen neben einander Platz;
sie beteten zusammen, und bei den Gesängen hielten sie
zusammen Louisens Gesangbuch.

Nach beendigtem Gottesdienste blieben sie mit einander außerhalb des Hauses stehen, um den Pfarrer zu
erwarten, welchen Adair begrüßen wollte. Alles blickte
im Vorübergehen auf das schöne Paar, denn Adair's
Erscheinung war heute eine andere, als an dem Tage,

wo er Louisen zuerst begegnete: er trug einen eleganten, schwarzen Anzug und schwarzen Biberhut. Als der Pfarrer aus der Thür trat, begrüßte er Adair auf's Herzlichste, und dieser stellte ihm seine Begleiterin vor. Der Geistliche lud Beide freundlich ein, mit ihm zu reiten und bei ihm zu Mittag zu speisen, welches sie jedoch dankend ablehnten.

Nachdem der Pfarrer sein Pferd bestiegen hatte, führte Adair seine Braut den Hügel hinab nach der Baumgruppe, wo Addison mit den Maulthieren harrte und wo auch Adair's Pferd angebunden stand. Dort hob er die Geliebte in den Sattel, bestieg selbst sein Roß, und ritt nun mit ihr, von dem Mulatten in einiger Entfernung gefolgt, langsam auf dem Wege nach Armand's Wohnung hin.

Wann und wo werde ich Dich, mein Glück, mein Leben, nun wiedersehen? fragte Adair im Vorwärts- reiten.

Ich will es noch heute Herrn Armand sagen, daß ich Deine Braut bin, und er wird ja wohl nichts da- gegen haben, daß Du mich besuchst; er ist so gütig gegen mich, antwortete Louise.

Wer weiß — er wird vielleicht sehr ungehalten darüber werden, daß Du ihn verlassen willst, und wenn

er mir dann verböte, zu Dir zu kommen.... fuhr
Adair besorgt fort.

Nun, dann gehe ich Abends nach dem Abendessen
den Weg hinauf, bis dahin, wo ich Dich, als Du mich
vorgestern verließest, zuletzt sah. Dagegen kann Herr
Armand nichts einwenden; er wird aber auch nichts dagegen haben, daß Du zu mir kommst, sagte Louise be-
ruhigend. Nach einer kurzen Pause aber fuhr sie fort:
Ich würde ja auch nicht eher von ihm gehen, als bis
eine andere, gute Haushälterin in meine Stelle eingetreten wäre; ich habe ihm viel gekostet, bis ich bei ihm
anlangte.

Das Geld zahle ich ihm sofort zurück, fiel Adair
rasch ein, wenn ich Dir nur gleich ein ordentliches Haus
bieten könnte. Bald beginnt aber die Baumwoll-Ernte,
und da bleibt mir kein Augenblick Zeit zu anderer Arbeit
übrig.

Wenn Herr Armand meine Stelle zu seiner Zufriedenheit besetzt hat, mein Arthur, so helfe ich Dir die
Baumwolle ernten und helfe Dir auch, Dein Haus
bauen. Die Hütte soll unserer Liebe keinen Abbruch
thun! versetzte Louise halb im Scherze, halb im Ernste,
und blickte dem Geliebten mit süßem Lächeln in die
glückstrahlenden, dunklen Augen.

Der Himmel hat Dich mir gesandt, Du Engels-

wesen, Du meiner Wünsche, meiner Hoffnung schönstes
Bild! antwortete Adair, und immer langsamer ritten sie,
ihr Glück beredend, vorwärts, denn Armand's Besitzung
lag nicht mehr fern. Bald aber kreuzte ein Fußpfad
ihren Weg; Adair hielt sein Pferd an, um hier die Geliebte zu verlassen, denn er wollte sie nicht bis vor ihre
Wohnung begleiten, und er schied von ihr mit der Bitte,
an diesem Abende nach der bezeichneten Stelle zu kommen,
um ihn dort von dem Erfolge ihrer Unterredung mit
Armand in Kenntniß zu setzen.

Armand schritt mit dem wohlthuenden Gedanken,
welche Perle er in Louisen gefunden habe, unter der
Veranda auf und nieder, als er sie, von der Kirche
zurückkehrend, auf das Haus zukommen sah, und
mit einem freudigen Gruße öffnete er ihr selbst die
Gitterthür.

So blühend, so schön, meinte er, habe er Louisen
noch nicht gesehen, und indem er mit ihr unter die
Veranda trat, sagte er zu ihr: Ich freue mich darüber,
wie frisch Sie aussehen, Fräulein Louise — die Luft
hier bekommt Ihnen vortrefflich.

Louise aber eilte mit einer flüchtigen Erwähnung
der Küche nach ihrer Stube, denn sie fühlte, wie ihr
das Blut in die Wangen schoß.

Nach Tische begab sich Armand in sein Zimmer

um an Doebler in New-Orleans zu schreiben und ihm
außer vielen Aufträgen auch noch seinen Dank zu senden,
für die glückliche Wahl, die er in der Haushälterin getroffen habe.

Er saß im Schreiben vertieft, da öffnete sich leise
die Thür, und die Haushälterin trat herein. Armand
blickte sich nach ihr um, fuhr aber, wie von einer bösen
Ahnung berührt, zusammen, denn Louise schien sehr bewegt, und hatte ihm augenscheinlich etwas mitzutheilen,
was den Weg über ihre Lippen noch nicht finden konnte.

Nun, Fräulein Raab, brach Armand die kurze
Pause, was bringen Sie denn?

Herr Armand, ich habe Ihnen etwas zu sagen,
was für mich und was auch für Sie von Wichtigkeit
ist, begann Louise zögernd, und schlug die Augen nieder.

Wirklich, und das wäre? versetzte Armand erschrocken,
und fuhr, wie vom Blitze getroffen, von dem Stuhle
empor.

Ich habe mich verlobt, und werde . . . ., fuhr Louise
verlegen fort; doch Armand ließ sie nicht ausreden.

Auch Sie — unmöglich — nein, unmöglich —
das können Sie mir nicht zu Leide thun! rief er in
höchster Aufregung, trat rasch zu Louisen hin, ergriff
ihre Hand, und sagte mit vor Angst halb erstickter
Stimme: Sie könnten mich verlassen wollen, nachdem

ich Alles aufgeboten habe, um Ihnen Ihr Leben bei
mir angenehm zu machen und mich Ihnen dankbar für
Ihre Bemühungen zu zeigen?

Und doch ist es wahr — ich bin verlobte Braut
von einem Manne, der meiner Liebe mehr als werth ist,
antwortete Louise jetzt entschlossen, und hob ihre milden
Augen bittend zu Armand auf.

Armand verstummte bei dieser festen, ruhigen Er-
klärung der Haushälterin; es war aber seine wachsende
Entrüstung, sein Zorn, der ihm die Worte auf den Lippen
ersterben ließ. Er schritt rasch einige Male im Zimmer
auf und nieder, als kämpfe er mit seinem besseren Gefühle für das Mädchen, blieb dann aber plötzlich vor
ihr stehen, und sagte mit erzwungen ruhiger Stimme:
Thun Sie, was Sie nicht lassen können, ich werde Sie
keine Stunde von Ihrem Glücke zurückhalten. Wann
wollen Sie gehen?

Nicht eher, Herr Armand, als bis Sie meine Stelle
zu Ihrer Zufriedenheit besetzt haben. Die Unkosten,
welche Ihnen durch mich erwachsen sind, wird Ihnen
Herr Adair, mein Verlobter, mit Dank zurückerstatten,
entgegnete Louise, freier aufathmend, und legte alle ihr
zu Gebote stehende Lieblichkeit und Milde in ihren
Blick.

Der Herr Adair mag sein Geld und seinen Dank

behalten, ich nehme keinen Dank von einem Lump an
für einen Raub, den er an mir begangen hat! versetzte
Armand, seinem Zorne Luft machend.

Louise fuhr bei diesen Worten zusammen, ihr Antlitz
wurde bleich wie die Gypswand der Stube, und sich stolz
aufrichtend, sagte sie mit Entrüstung: Herr Adair steht
an Bildung und Ehrenhaftigkeit keinem Gentleman in
diesem Lande nach; er ist kein Lump, Herr Armand!

Keinesfalls ist es ehrenhaft, hinter meinem Rücken
meine Haushälterin, die ich mit schweren Kosten hierher
kommen ließ, mir abspänstig zu machen! Genug davon.
Ich wünsche Ihnen alles Glück, Fräulein Raab, und
nehme Ihr Anerbieten an, so lange bei mir zu bleiben,
bis ich eine andere Haushälterin in Ihrer Stelle habe.
Eines bitte ich mir aber aus: daß mir Ihr Herr Adair
nicht in mein Eigenthum kommt, sonst möchten wir böse
Freunde werden!

Darauf winkte Armand nach der Thür, ging, nach=
dem Louise das Zimmer verlassen hatte, noch einige Male
in demselben auf und ab, und setzte sich dann entschlossen
an seinen Schreibtisch nieder. Er begann einen neuen
Brief an Herrn Doebler in New-Orleans, und theilte
ihm, nur mit noch weit größerer Entrüstung als das
erste Mal, das Unglück mit, welches die neue Haus-

hälterin über ihn gebracht habe. Noch einmal wollte er einen Versuch machen, seinen Zweck zu erreichen; noch einmal bat er Doebler, ihm eine deutsche Haushälterin zu verschaffen und mit möglichster Eile zuzusenden. Doch diesmal machte er es zur ausdrücklichen Bedingung, daß dieselbe eine alte, eine häßliche sei, welche die Sicherheit gegen alle Heirathsanträge mit sich trage. „Alt und garstig wie die Nacht, wenn sie nur den Haushalt führen und gut kochen kann," wiederholte er nochmals in seinem Schreiben, und unterstrich diese Worte mit einem dicken Striche.

Früh am folgenden Morgen kam der Postbote vorüber und nahm den Brief mit sich fort.

Obgleich nun Alles in Armand's Haushalt nach wie vor zu seiner vollsten Zufriedenheit verlief, so konnte er doch den Groll gegen diesen sogenannten Herrn Adair, über dessen Existenz er noch nie ein Wort vernommen hatte, nicht vergessen, und er vermied es absichtlich, Louisen zu begegnen, weil ihr Anblick seinen Zorn immer wieder von Neuem anfachte. Diese dagegen that alles, was in ihren Kräften stand, um Armand nur noch mehr zufrieden zu stellen; doch je mehr er dies fühlte, um so größer war sein Unmuth, daß er es nun bald werde entbehren müssen und daß er vielleicht einen sehr schlechten Ersatz dafür bekomme.

Drei Wochen waren in dieser Weise verlaufen, als
Armand von einem Nachmittagsritte erst gegen Sonnen-
Untergang nach Hause zurückkehrte und, auf das Ein-
gangsthor zureitend, von Weitem ein ungeheures Feuer
in der Küche auflodern sah. Kaum vom Pferde gestiegen,
schritt er eilig um das Haus, um nach der Küche zu
sehen. Wer aber beschreibt seinen Schrecken, sein Entsetzen — denn in der Thür stand vor dem Flammen-
meere des Kamins Suky in ihrem Römergewande mit
hoch gehobener Zange, und schwang dieselbe in trium-
phirenden Bewegungen nach Armand hin, indem sie ihm
mit siegberauschter Stimme zurief:

Sie ist fort!

Wer ist fort? schrie Armand in höchster Bestürzung.

Die Haushälterin — sie ist fort und kommt nicht
wieder! antwortete Suky mit aller Gewalt ihrer männ-
lichen Stimme:

Ein Donnerschlag hätte Armand für den Augenblick nicht mehr betäuben können, als diese Worte der
Alten. Er stierte sie wie eine Schreckgestalt, wie einen
Rachegeist der Unterwelt einen Augenblick an; dann aber
wandte er sich entsetzt von ihr ab, und eilte nach seinem
Zimmer, um dort ruhiger zu werden und dann erst zu
einem Entschlusse zu kommen, was er in Bezug auf die
entflohene Haushälterin thun solle.

Beim Eintreten in das Zimmer aber fiel sein Blick sofort auf einen Brief, der auf seinem Schreibtische lag. Schnell nahm er ihn auf, öffnete ihn mit bebender Eile, und las:

„Meine Pflicht ruft mich von hier; mein Verlobter ist schwer erkrankt! Haben Sie Nachsicht, haben Sie Mitleid mit Ihrer Sie hoch verehrenden

Louise Raab."

O, Schande über Schande! rief Armand außer sich vor Zorn. Nun noch dieses Komödienspiel mit mir zu treiben!

Dabei maß er in wüthenden Schritten das Zimmer auf und nieder, und schwur, es diesem Adair zu gedenken, wenn er jemals Gelegenheit dazu finden würde.

Suky aber hatte das Scepter in ihrem Reiche wieder erfaßt, und abermals herrschte sie unumschränkt über Töpfe, Pfannen und Kannen.

Es war Armand jetzt beinahe unmöglich, zu Hause noch etwas zu genießen; er hielt sich hauptsächlich an Kaffee, Thee, Eier und Kartoffeln, und vermied jeden Blick nach der Küche. Zum Mittagsessen richtete er es auch so ein, daß er bei einem seiner Nachbarn eintraf, dessen freundliche Einladung er dann annahm.

Lange konnten ja auch diese unglücklichen häuslichen Störungen nicht mehr dauern, denn die dritte Woche, seit er an Doebler geschrieben hatte, war bereits abgelaufen.

Fünftes Capitel.

Wenige Tage nach Louisen's Entfernung hatte Armand sich auch von einem Nachbar zu Tische einladen lassen, und trat erst spät seinen Heimweg an. Die Sonne war bereits untergegangen, als er sich seiner Wohnung nahete, und schon von Weitem fiel sein Blick auf einen Gegenstand, der die ganze Breite der Gitterthür ausfüllte. Worin diese Masse bestand, konnte er lange Zeit nicht ausfinden, bis er plötzlich die alte Suky erkannte, die in dem Eingange zusammengekauert saß, und ihre Gestalt mit dem großen Tuche verhüllt hatte.

Armand trabte auf sie zu, und wollte eben fragen, ob Jemand angekommen wäre, als Suky sich langsam

8*

erhob, ihrem Herrn Platz machte, und mit dumpfer Stimme zu ihm sagte:

Sie ist da!

Wer ist da, Suky? fragte Armand rasch.

Die Haushälterin.

Louise? fragte Armand noch schneller.

Nein, eine andere, entgegnete die Alte mit einem Ausdrucke der Entrüstung, und setzte in demselben Tone noch hinzu: Schon in der Küche, Suky hinausgejagt!

Gottlob, daß sie da ist! sagte Armand vor sich hin, sprang von dem Pferde und eilte in die Küche, wo ihm eine kleine, vergnügt aussehende Person lächelnd entgegenkam, und ihm in sächsischen Dialekt zurief:

Ei, Sie sind gewiß der Herr Armand, und ich bin Ihre neue Haushälterin, die Herr Doebler Ihnen zu besorgen hatte. Ich bin die Schreinerswitwe Gräser aus Sachsen-Meiningen, habe meinen Mann auf See verloren, habe meine zehn lebendige Kinder alle in New-Orleans gut versorgt, und da bin ich nun, um dem Herrn Armand den Haushalt zu führen. Und eine schlechte Haushälterin kann mich gewiß Niemand nennen, denn Sie wissen, was es heißt, in Deutschland Schreinersfrau mit acht Gesellen und ein paar Lehrjungen zu sein; ich kann Ihnen sagen, mit Allen durchzukommen, da hat eine Frau ihre Last. Und dabei sah man es mir doch

nicht an, daß soviel auf mir lag und daß ich zehn leben=
dige Kinder hatte. Gottlob, sie sind aber alle gut ein=
geschlagen und gesund und stark; den Aeltesten habe ich
schon als Gesellen bei einem Fortepianomacher in New=
Orleans untergebracht, die Auguste, was die Zweite ist,
ist ein schönes Mädchen, ein paar Backen wie Rosen, und
ein Haarwesen, sage ich . . .

Armand stand wie verdonnert da, er wußte nicht,
ob er lachen, oder weinen sollte; doch länger konnte er
es unmößlich aushalten. Er machte eine rasche, heftige
Bewegung, wie wenn man die Hühner verscheuchen will,
und trat so schnell dicht vor die Schwätzerin, daß dieselbe
erschrocken zurückfuhr und ausrief:

Gott sei mir gnädig, habe ich mich doch erschrocken,
wie dazumal, als die Franzosen durch Meiningen kamen.
Ich war noch so ein junges Ding, sah aber schon ganz
gut aus: denken Sie sich, da kommt Ihnen einer
von den Cuirassieren mit den langen Pferdeschwänzen
hinten an . . . .

Zum Teufel mit Ihren Cuirassieren — wollen Sie
endlich einmal schweigen! schrie Armand außer sich, und
trat wieder einen Schritt auf die Witwe zu.

Ei, ja doch, warten Sie nur einen Augenblick, Herr
Armand; es war so die erste Freude meines Herzens,

daß ich hier glücklich angekommen war und Sie zu sehen bekam. Das muß ich aber sagen, schön ist es hier ...

Hier hielt die Frau plötzlich inne und biß sich auf die Zunge, denn Armand hatte beide Hände gegen die Ohren gedrückt, und wandte ihr den Rücken zu.

Na, jetzt bin ich fertig, Herr Armand; nun fragen Sie mich, denn wenn ich so selbst in das Plaudern komme ....

Abermals parirte sich die Witwe, wie wenn man einen durchgehenden Renner auf die Kruppe setzt; sie trat einige Schritte zurück, hustete, und sah, ihre beiden Arme in die Seiten setzend, mit freundlichem, heiterem Lächeln zu Armand auf.

Nach einer kurzen Pause hatte sich dieser von dem Plapperschauer, den die neue Haushälterin über ihn ausgegossen hatte, erholt, und sagte, indem er sie vom Kopf bis zu den Füßen betrachtete, in gemessenem Tone: Seien Sie mir willkommen, Frau Gräfer!

Die Frau war klein, aber zierlich gewachsen, hatte schönes blondes Haar, welches zu beiden Seiten ihres noch recht hübschen Gesichtes in langen Locken herabhing, und war im Besitze eines Paares kleiner, blitzend lebendiger, blauer Augen. Ihr freundlicher Mund mit den noch schönen Zähnen strafte ihre zweiundsechzig Jahre und die zehn lebendigen Kinder Lügen, und eine unüberwindliche Besorgniß drängte sich Armand, indem er der Witwe in die funkelnden Augen schaute, auf, daß sie doch den Sicherheitspaß gegen die Liebe nicht mit sich führte.

Eine Hauptbedingung, Madame Gräser, fuhr Armand jetzt freundlich fort, muß ich Ihnen für unser friedliches, gutes Zusammenleben stellen; es ist die, daß Sie in meiner Gegenwart Ihrer Zungengeläufigkeit weniger freies Spiel lassen; sie ist mir unangenehm, und darum werden Sie gern diesem meinem Wunsche nachkommen. Dann habe ich mir auch das Versprechen von Ihnen zu erbitten, daß Sie meine alte, schwarze Dienerin Suky nachsichtig und freundlich behandeln, so daß Sie mit derselben in ungestörtem, guten Einvernehmen leben; ich dulde keinen Zwist und keinen Zank in meinem Hause.

Ja, ja, Herr Armand, das Versprechen gebe ich Ihnen gern; ich lebe mit Jedermann in Liebe und Freundschaft, denn sonst wäre ich gewiß nicht mit den vielen Gesellen so gut fertig geworden, antwortete die Witwe in heiterer Laune, worauf Armand sie bat, sich von Suky alles Nöthige zeigen und überweisen zu lassen, um das Abendessen zu bereiten.

Im Laufe des folgenden Tages setzte Armand die Witwe von all ihren Obliegenheiten in Kenntniß, und es gelang ihm, dieselbe bei jedem Ansatze, um mit ihrer

Zunge durchzugehen, durch Zuhalten seiner Ohren zum
Schweigen zu bringen, und zwar nahm sie diese zarte
Zurechtweisung höchst gemüthlich auf, und schien dabei
über sich selbst zu lachen.

Was aber nun ihre Fähigkeiten als Haushälterin
und ihre Geschicklichkeit als Köchin anbelangte, so über-
traf sie in der That ihre beiden Vorgängerinnen, denn alles,
was sie in Angriff nahm, führte sie mit unglaublicher
Schnelle und immer genau so aus, wie es nicht besser
geschehen konnte. Das Fegen und Reinmachen, wie sie
zu sagen pflegte: „so recht aus den Ecken heraus", flog
ihr nur von der Hand; die Küchenarbeiten, auch das
Kartoffelschälen hatte sie gethan, ehe Suky nur damit begonnen haben würde, und das Kochen selbst setzte ihr
die Krone der Meisterschaft auf.

Mit so wenig Vertrauen er sie nun auch in seine
vier Wände aufgenommen hatte, so steigerte sich seine
Anerkennung für ihre Verdienste doch von Tag zu Tag,
und im Rückblicke auf ihre untreuen Vorgängerinnen
wünschte er sich Glück zu ihrem Besitze, denn die zweiundsechzig Jahre und die zehn lebendigen Kinder gaben
ihm doch viel Beruhigung hinsichtlich ihrer Gefühle und
Wünsche.

Er suchte nun auch, ihr das Leben angenehm zu
machen; Sonntags ließ er sie, von Addinon gefolgt, zu

Maulthiere die Kirche besuchen, und da sie überhaupt
eine große Freundin vom Reiten war, so hatte er auch
nichts dagegen, daß sie manchmal Nachmittags einen Aus-
flug nach der Stadt machte, um kleine Einkäufe zu besorgen.

Die zweite Woche nahte ihrem Ende, seit die Witwe die
Zügel der Regierung in Armand's Haus- und Küchenwesen ergriffen hatte, und die Resultate ihrer Thätigkeit
und Wirksamkeit waren so befriedigend für ihn ausge-
fallen, daß auch das höhere Interesse, welches er für die
Haushälterin Louise gehegt hatte, schon sehr abgeschwächt
war, obgleich der Gedanke an die Art und Weise ihres
Abschiedes von ihm seinen Zorn immer noch von Neuem
anfachte.

Es war Sonntag Morgen. Armand hatte sein
Pferd satteln lassen, um seinem nächsten Nachbar, einem
Herrn Arnold, dessen Grundbesitz an den seinigen stieß,
einen Besuch abzustatten, und er hatte schon einen Arm
in den Aermel des Rockes, den er anziehen wollte, geschoben, als die Thür seines Zimmers sich öffnete und
Madam Gräser mit strahlendem Antlitze und einem thurm-
hohen, mit Blumen, Federn, Bändern und Schleier geschmückten, rosaseidenen Hute auf dem Kopfe hereintrat.

Armand blieb wie versteinert mit einem Arme im
Rocke stehen und stierte nach der weiblichen Erscheinung

hin; doch die begeisterte Witwe brach den Zauber, den sie über ihren Herrn gebracht, sofort, und sagte mit beseligtem Ausdrucke auf ihrem blond und reich umlockten Antlitze:

Ja, ja, Herr Armand, ich muß es Ihnen sagen, mein Glück ist gemacht, ich bin Braut.

Toll sind Sie! schrie ihr Armand wüthend entgegen, und streckte den noch nicht in seinen Rock geschobenen Arm nach der Glücklichen aus. In das Irrenhaus sollte man Sie sperren! Wollen Sie sich denn unglücklich machen, oder sind Sie wahnsinnig genug, zu glauben, daß ein Mann Sie aus Liebe heirathen würde? Frau Gräser, ich bitte Sie um des Himmels willen!

Aus Liebe — ja, aus reiner Liebe wollen wir uns heirathen! Ach, Herr Armand, er liebt mich so sehr — ich sage Ihnen, wenn Sie uns zusammen sähen — wie die Kinder — ja — Liebe, Liebe hat uns zusammengebracht, jubelte die Witwe, und suchte durch Heiterkeit den wachsenden Zorn Armand's zu besiegen, wobei sie den hohen Hut mit seinen schwebenden Blumengärten bald nach links, bald nach rechts drehte.

Und wer ist es, der Sie so verrückt gemacht hat? rief Armand, kaum noch seiner selbst mächtig.

Der Herr Fitzmore, der sich eine eben solche Farm

einrichtet, wie die Ihrige, Herr Armand, entgegnete die Witwe mit freudiger Genugthuung.

Der größte Strolch und Säufer in unserer Gegend! rief jetzt Armand, indem er den Rock vollends von sich warf. So gehen Sie in des Teufels Namen, aber sofort, und kommen Sie mir nie wieder vor die Augen!

Aber, Herr Armand — wir wollen ja erst in acht Tagen .... stotterte die Witwe.

Fort, fort, oder ich lasse Ihnen Ihre Sachen vor die Thür werfen! rief Armand jetzt in höchstem Zorn:

Nun, mir auch recht; Herr Fitzmore ist draußen, und wird gern meine Habe tragen. Er ist so gut, ach, und er liebt mich so sehr, denn es war ja sein Wunsch, mich heute schon zu heirathen! Ich wollte es, so sehr sehr gern ich eingewilligt hätte, aber Ihretwegen nicht. O, Herr Armand, wenn Sie nur wüßten, wie glücklich die Liebe macht! Sie haben aber niemals geliebt...

Fort, fort — in das Tollhaus mit Ihnen — fort, sage ich, so im Augenblicke! rief Armand, in höchster Entrüstung nach der Thür schreitend, welche aber die glückliche Braut bereits geöffnet hatte, und nur mit einem freundlichen: So leben Sie recht wohl, Herr Armand! eilig das Zimmer verließ.

Er selbst aber folgte ihr schnell in den Corridor, rief Addinon und einen Negermann herbei, und befahl ihnen, die Sachen der Frau Gräser schnell aus dem Hause und vor die Einzäunung zu tragen, wo bereits der Bräutigam Fitzmore seiner Braut und deren Mitgift harrte.

Derselbe war als Ochsenfuhrmann in diese Gegend gekommen, hatte sich auf Regierungsland eine Reiserholzhütte gebaut, einige Acker mit Mais bepflanzt, einige Rüben gesäet, und hatte hauptsächlich von Anderer Eigenthum gelebt, indem er seinen Nachbarn Schweine todtschoß und sie bei Nacht und Nebel in seine Hütte beförderte.

Arm in Arm zogen die beiden Glücklichen, mit der Aussteuer der Braut beladen, auf dem Wege nach der Kirche hin, und Armand schwur, ihnen nachschauend, daß diese seine letzte deutsche Haushälterin bleiben solle.

Sein Pferd war vorgeführt, und indem er es bestieg, gab er dem Mulatten die Weisung, Suky mit Bereitung des Abendbrotes zu beauftragen. Dann drückte er dem Hengste die Sporen in die Flanken, und sprengte mit ungestümer Eile davon.

Die wenigen Meilen bis zu der Niederlassung seines Freundes Arnold, eines der ersten Ansiedler nach Armand in diesem Lande, hatte er bald zurückgelegt und wurde von dessen ganzer, zahlreicher Familie, mit lautem Jubel bewillkommnet, denn er hatte diesem lieben Freunde schon

lange seinen Besuch an einem Sonntage zugesagt, weil
dann alle Arbeit ruhte, und sie sich sämmtlich des Zu-
sammenseins erfreuen konnten.

Der alte Arnold nahm nach den ersten Be-
grüßungen Armand beim Arm, und fragte, ihn nach
einem schattigen Plätzchen unter der Veranda leitend,
was er Neues bringe, worauf dieser ihm in höchster
Aufregung sein Schicksal mit den drei Haushälterinnen
ausführlich mittheilte. Nachdem er nun mit seiner
Erzählung bis auf den heutigen Abzug der Braut
Gräser gekommen war und damit schloß, daß er nun
und nimmer wieder sich ein solches Ungemach in das
Haus holen wollte, sagte Arnold nachdenkend:

Nannten Sie den jungen Mann nicht Adair, welcher
mit Ihrer zweiten Haushälterin durchging?

Jawohl, Adair ist sein Name, antwortete Armand
aufmerksam:

Ich wollte Sie schon immer fragen, fuhr Arnold
fort, ob Sie das Stück Land an meiner Gränze, welches
in der Biegung des Flusses liegt, damals beim Vermessen Ihrer Besitzung haben als Ihr Eigenthum mit
in die Karte aufnehmen lassen, oder nicht; denn gewöhnlich läßt man hier, wo Land so wenig Werth hat,
die Gränzlinien immer gerade ziehen, weil die kleinen
Stücke in den Biegungen des Flusses doch zu un-

bedeutend sind, als daß sich ein Anderer darauf nieder-
lassen sollte, während ihm allenthalben das weite Regierungsland zu Gebote steht.

Allerdings habe ich es mit vermessen lassen, erwiederte Armand; es war doch zu bedeutend und zu
ausgezeichnet gut, um es dem Zufalle anheim zu stellen,
ob es einem Dritten gefallen würde, sich darauf an-
zubauen; es liegen beinahe fünfhundert Acker in der
Biegung. Aber warum fragen Sie danach?

Weil es schon Jemand für gut befunden hat, sich
darauf festzusetzen, und zwar eben dieser Herr Adair,
welcher Ihnen die Haushälterin entführte. Ich freilich
glaubte, Sie hätten das Land nicht vermessen lassen,
oder Sie hätten dem jungen Manne die Erlaubniß
gegeben, sich darauf anzusiedeln, versetzte Arnold verwundert.

Was sagen Sie, Arnold, dieser Adair sitzt auf
meinem Lande? rief Armand auffahrend.

Jawohl, und ich kann Ihnen sagen, der Bursche
hat sich tüchtig geregt; er hat ein schönes Maisfeld und
vielleicht zehn bis zwölf Acker mit Baumwolle bestellt,
wie sie Keiner von uns aufzuweisen hat. Ich ritt vor
einiger Zeit einmal am Flusse hin und durch den Waldstreifen, der vor jener Biegung liegt, und plötzlich hielt
ich mit meinem Gaule vor dem Felde. Der Mensch

muß geglaubt haben, es sei noch freies Regierungsland, sonst ist es ja undenklich, wie er seine ganze Arbeit darauf verschwenden konnte: wissen Sie wohl, daß Sie ihn davon jagen und seine ganze Ernte in Besitz nehmen können?

Freilich weiß ich es; ich bin aber nicht allein dazu berechtigt, nein, ich will auch von meinem Rechte Gebrauch machen; der Kerl soll an mich denken, versetzte Armand im Auflodern seines alten Zornes gegen den Entführer seiner Haushälterin.

Arnold sah ihn überrascht an, und sagte dann lachend:

Und wenn es geschehen soll, so thun Sie es doch nicht, da müßte ich Sie nicht besser kennen. Aber gut bezahlen sollte er mir das Land, oder wenigstens den diesjährigen Gebrauch davon.

Nein, Arnold, antwortete Armand, der Mensch hat mich zu nichtswürdig behandelt; erst nimmt er Besitz von meinem Grundeigenthum, fällt meine Bäume zu der Einzäunung von fünfzehn Acker Landes, wühlt meinen Grund um, und entführt mir schließlich noch unter dem Vorwande, er sei krank, meine Haushälterin; ich jage ihn morgen von meinem Eigenthum.

Verdient hat er es, doch hart bleibt die Strafe,

sagte Arnold begütigend, und setzte nach einer Pause noch hinzu:

Sie beschlafen es sich noch einmal.

Armand aber war durchaus nicht in der Stimmung, dieses Mal Gnade für Recht ergehen zu lassen; der Aerger von heute hatte zu feste Wurzel in ihm gefaßt, und er blieb entschlossen, auf seinem Heimwege nach der Stadt zu reiten, dort die nöthigen Schritte bei Gericht gegen Adair zu thun, und den Scherif auf den folgenden Morgen zu sich zu bestellen, damit derselbe sofort den Eindringling in sein Eigenthum durch das Gesetz hinaustreibe.

Bei Arnold's war nicht weiter davon die Rede; die ganze Familie bot ihr Möglichstes auf, Armand in seine gewohnte gute Laune zu versetzen, und Scherz und Frohsinn belebten die Unterhaltung. Es wurde namentlich der Zeit gedacht, wo Arnold's in dieses Land kamen und wo der Mangel an jeder Art von Bequemlichkeit der Civilisation oftmals die komischsten Scenen in der Familie herbeiführte, von denen Armand häufig Augenzeuge geworden war. Ein vortreffliches Mittagessen und ein köstlicher Kaffee kamen auch noch der Stimmung zu Hülfe, und so verstrich die Zeit in größter Heiterkeit bis die Sonne sich neigte. Dann ließ sich Armand sein Pferd bringen, und ritt, von den herzlichsten

Grüßen der liebenswürdigen Familie begleitet, mit dem Versprechen, bald seinen Besuch zu wiederholen, davon.

Der Aerger über die ihm gewordene rücksichtslose, undankbare und abscheuliche Behandlung Seitens Adair's und dessen Geliebten verdrängte aber bald die heitere Stimmung, die er von Arnold's mit sich nahm, und anstatt an dem ersten Kreuzwege nach seiner Wohnung abzubiegen, folgte er dem geraden Wege, der nach dem Städtchen führte.

Er fand den Scherif Otley zu Hause, verschaffte sich mit dessen Hülfe sofort einen gerichtlichen Befehl gegen Adair, und erhielt von jenem die Zusage, daß er am folgenden Morgen sich bei ihm einfinden wolle, um den Eindringling von Armand's Land zu weisen.

Während Armand nun in seiner Verstimmung nach Hause ritt, eilte Louise Raab fliegenden Schrittes über einen wüsten, steinigen, hier und dort mit einzelnen alten Bäumen bestandenen Ort, und Angst und Verzweiflung lag auf ihren bleichen, abgehärmten Zügen. In den Dornenbüschen, welche auf dieser einsamen Höhe zwischen dem Gestein hervorragten, mußte sie ihr Kleid zerrissen haben, denn in ihrem fliegenden Laufe flatterte ein langer Streifen desselben im Luftzuge hinter ihr her, und die Seiten ihres weißen Leinenhutes wehten wie Flügel um ihr Haupt. Sie trug ein Töpfchen von

Porzellan und einen gefüllten Beutel von grobem Baum-
wollenzeug in ihren Händen, und hielt das Töpfchen
frei vor sich hin, als fürchte sie, dessen Inhalt zu ver-
schütten.

Die Schatten der einbrechenden Nacht zogen über
die Erde, die Eulen ließen ihre klagenden Stimmen er-
tönen und schwebten auf dem Hauche ihrer Schwingen
wie Geister der Dunkelheit über der wüsten Höhe, und
der Himmel im Westen glühte über den schwarz-blauen
Gebirgen im dunkelsten Carmin.

Wieder und immer wieder hob Louise im Dahin-
eilen ihre thränenfeuchten Augen zum Himmel auf, und
stammelte mit zitternder Stimme:

Ach Gott, ach Gott!

Dann aber schien es sie noch mehr in ihrer Eile
anzutreiben, und vorwärts über Stein und Dornen schoß
sie von der Höhe hinab in das dunkle Thal vor ihr,
in welchem sich der brausende, im Wiederscheine des
feurigen Himmels wie eine glühende Schlange spiegelnde
Fluß hin und her wand.

Bald hatte Louise das Ufer der Leone erreicht und
sprang zwischen den über das rauschende Wasser hangenden
Riesenpflanzen hinab nach ihrem Schiffchen, einem aus-
gehöhlten Baumstamme, der auf den dahin jagenden

Wellen, gegen dieselben ankämpfend, auf und abstieg.
Louise trat rasch in das Canoe, sie setzte das Töpfchen
vorsichtig auf dessen Boden nieder, löste den Strick,
der das Fahrzeug am Ufer festhielt, und stieß es mit
dem Ruder entschlossen in den Strom hinaus. Die
Wogen aber erfaßten es und rissen es wirbelnd mit sich
fort, denn Louisens Kräfte und Geschicklichkeit im Rudern
waren zu ohnmächtig gegen deren Gewalt. In wildem,
drohendem Laufe jagte das Canoe dahin, doch gelang
es den verzweifelten Anstrengungen der Schifferin,
dasselbe dem jenseitigen Ufer zuzutreiben, wo es pfeilschnell mit rasender Gewalt unter den in der Flut
hangenden Büschen fortschoß.

Louise ließ das Ruder fallen und griff, mit einer
Hand sich an den Nachen anklammernd, mit der anderen
in die Büsche über sich, und hielt mit der Kraft der
Verzweiflung fest. Das Canoe schwang sich an das
Ufer, und mit einem „Gottlob!" aus tiefster Brust
befestigte Louise es dort an einem Strauche. Nun
nahm sie mit bebender Hand das Töpfchen und den
Beutel auf, erstieg das Land und eilte bei dem letzten
Schimmer des fliehenden Tages wieder am Flusse hinauf
durch hohes Gras, durch dorniges Gestrüpp, über steinigen
und über sumpfigen Boden dahin, bis sie ihre letzten
Kräfte zusammenraffte, und mit verdoppelten Schritten

9*

einer dunkeln Baumgruppe zustürmte, unter welcher eine kleine, niedrige Hütte stand.

Ein riesiger, schwarzer Neufundlandhund sprang ihr freudig winselnd entgegen, und geleitete sie unter Liebkosungen und lautem Bellen nach dem Eingange der Hütte. Dort öffnete sie mit zitternder Hand die Thür, und sagte, zu Tode erschöpft:

Da bin ich wieder, mein Athur; ich habe Milch, Reiß und Maisgrütze mitgebracht.

Ach, gute Louise! stöhnte es mit kaum hörbarer, matter Stimme aus der dunkeln Hütte hervor, während das Mädchen das Töpfchen mit Milch und den Beutel auf die Erde niedersetzte, und dann Licht machte.

Die Oellampe erhellte den kleinen Raum, und warf von dem roh aus Brettern zusammengefügten Tische, auf dem sie stand, ihren Schein über ein Lager von Büffelhäuten, auf welchem Arthur Adair bleich und abgezehrt hingestreckt lag.

Louise sank neben ihm nieder, und bedeckte, ihren Arm unter sein Haupt schiebend, seine Lippen und seine Stirn mit ihren Küssen.

O, Du guter Engel, wie gern möchte ich Dir noch Deine Liebe danken! sagte der Jüngling mit matter Stimme, und hob mühsam seinen Arm um das treue Mädchen.

Das sollst Du, Arthur, mit Deiner Liebe; Gott der Allmächtige, der Allgütige wird uns beistehen und Dir gnädig sein! sagte Louise schluchzend, und drückte ihre Lippen auf die Hand des Geliebten.

Ach, Louise, ich fürchte, ich werde das Roth des Abendhimmels nicht wiedersehen! sagte Adair, indem er seinen matten Blick durch die offne Thür sandte.

Doch, doch, Arthur, brich mir das Herz nicht — Du wirst ihn wiedersehen! antwortete Louise weinend, und fuhr, sich dann ermannend, nach einigen Augenblicken fort: Nur die eine Bitte, Arthur, gewähre mir: laß mich morgen früh zu Herrn Armand gehen und ihn um Hülfe anflehen. Er hat ja so unzählig Vielen geholfen, hat so Manchen dem Tode entrissen, und er wird auch Dir beistehen — laß mich zu ihm gehen!

Nein, Louise, er hat mich einen Lump genannt, er verachtet mich, er haßt mich, weil ich Dich von ihm nahm; er wird — er soll mir nicht helfen; ich bin in Gottes Hand! sagte Adair und ließ dann erschöpft sein Haupt auf sein Lager zurücksinken.

O Gott, daß ich es Dir auch sagen mußte! jammerte Louise. Er hat es ja wahrlich nicht so gemeint, er kannte Dich ja gar nicht, und glaube es mir, er ist gut, herzensgut, wenn er auch leicht von Heftigkeit übermannt wird. Ich gehe morgen früh zu ihm, nicht wahr, mein Arthur?

Der Kranke gab keine Antwort, drückte aber Louisen die Hand, und diese nahm den Druck schnell und freudig als Gewährung ihrer Bitte, und lenkte ihre Worte davon ab, indem sie fortfuhr:

Nun will ich Dir Reißwasser und auch Grütze kochen und etwas Milch hinein thun, das wird Dich laben. Die Hamiltons waren so freundlich, und überließen mir Alles so gern, und versprachen, mir morgen etwas Milch durch ihren Sohn zu senden. Ich weiß nur nicht, wie er über den Fluß kommen will, denn Dein Canoe liegt an dieser Seite, und zwar weit unten am Ufer. Der Strom riß mich mit sich fort, und ich wäre beinahe hinein gefallen, als er mich an diese Seite warf.

Du engelsgutes Mädchen hast den weiten Weg von drei Meilen zu Fuße gemacht — Gott helfe mir, damit ich es Dir danken kann! sagte Adair, matt zu Louisen durch die Thränen aufblickend, die seinen Augen entquollen.

Ja, ja, mein Arthur, Gott wird uns helfen! schluchzte das geängstigte Mädchen, und senkte ihr Antlitz an die Brust des Geliebten, um ihre Thränen zu verbergen.

Dann erhob sie sich leise und ging hinaus nach dem Feuerplatze, um dort die mit Asche bedeckte Kohlengluth anzufachen, und den Reiß und die Grütze zu kochen.

Während dieser Beschäftigung aber trat sie von Zeit zu Zeit leise in die Hütte ein, um nach dem Kranken zu sehen.

Adair war eingeschlummert, doch schlief er nicht ruhig; er murmelte unverständliche Worte halblaut vor sich hin, warf den Kopf von einer Seite auf die andere, und zupfte mit den Fingern an der leichten Decke, unter welcher er ruhte. Dabei röthete sich sein Gesicht immer mehr und seine Pulse schlugen immer schneller.

Louise war wieder in die Hütte getreten, als Adair seinen fieberisch glänzenden Blick nach ihr erhob, und sie dringend um einen frischen Trunk Wasser bat. Sie eilte mit einer Kanne in die Nacht hinaus nach dem nicht fern gelegenen Quell, und kehrte nach wenigen Minuten zurück, worauf sie ein Glas mit dem kalten Wasser füllte, sich an dem Lager des Geliebten niederließ und, seinen Kopf emporhebend, ihm den frischen Trunk an die Lippen hielt.

Adair fühlte sich erquickt, und sank einschlummernd wieder auf die zusammengerollte Büffelhaut, die ihm als Kopfkissen diente; in ganz kurzer Zeit aber rief er

Louisen abermals an, ihm Wasser zu reichen, da es ihm sei, als müsse er verdursten.

Das Fieber steigerte sich von Stunde zu Stunde, und als Louise das Kochen beendet hatte, konnte sie den Geliebten nicht einen Augenblick mehr verlassen, denn seine Unruhe, seine Rastlosigkeit war entsetzlich. Er warf sich hin und her, er wollte aufstehen, er schreckte zusammen, er sah ängstigende Bilder vor sich, und sprach verworren und undeutlich.

Louisens Angst und Jammer kannte keine Grenze; sie saß während der ganzen Nacht neben dem Kranken, und hielt ihn in ihren Armen. Dabei betete sie heiß und inbrünstig flehend zu Gott, daß er ihr mit seiner Barmherzigkeit beistehen und ihr den Geliebten ihres Herzens erhalten möge.

Erst gegen Morgen ließ das Fieber nach, und ermattet und erschöpft versank Adair in einen todtenähnlichen Schlaf.

Louise konnte sich nicht mehr wach erhalten, überwältigt von Ermüdung ließ sie sich neben dem Jünglinge hinsinken, und vergaß für kurze Zeit in tiefem Schlummer ihr Weh, ihre Verzweiflung.

Der Morgen sah in die offene Hüttenthür herein, als Louise erwachte, erschrocken über ihren langen Schlaf auffuhr und nach dem Geliebten schaute.

Er hatte die Augen noch geschlossen. Das Tages-
licht schien auf seine bleichen, eingefallenen Züge, auf
seine tief in ihre Höhlen gesunkenen Augen, und zeigte
die mühsame Bewegung seiner Brust.

Mit Verzweiflung hing Louisens Blick an diesem
Bilde der Auflösung; sie faltete die Hände, sie hob sie,
auf ihre Kniee sinkend, ringend zum Himmel empor, und
ein Strom heißer Thränen entquoll ihren Augen.

Stumm und regungslos, mit herabhangenden, gefalteten Händen hatte sie dann, auf den Geliebten nieder-
blickend, lange Zeit bei ihm auf den Knieen gelegen; da
schlug er die Augen auf und schaute sich, wie aus einem
schweren Traume erwachend, mit unstätem Blick um.

Ich bin ja bei Dir, mein Arthur, Deine Louise
ist ja bei Dir! sagte das treue Mädchen, und legte ihren
Arm um seinen Nacken.

Meine Louise! seufzte Adair leise, und sah zu ihr
auf, als sammle er in ihrem Anblicke seine wandernden
Gedanken wieder; sie aber richtete sich empor, nahm ein
Glas mit Reißwasser von dem Tische, goß ein wenig
Milch hinzu, und führte es an die Lippen des Kranken,
der begierig den kühlen Trank zu sich nahm.

Das hat mich sehr gelabt, Louise, sagte er, mit
einem tiefen Athemzuge seinen thränenfeuchten Blick
dankend zu ihr erhebend.

Ich habe von Hamiltons auch einige Citronen und ein wenig Zucker mitgebracht, um Limonade für Dich bereiten zu können; wenn nur das böse Fieber nicht wieder so heftig wird, wie in vergangener Nacht, sagte Louise, und strich die schwarzen Locken von des Geliebten feuchter, kalter Stirn. Versuche es, Arthur, ob Du noch etwas schlummern kannst; der Schlaf gibt Dir neue Kräfte, und dann sollst Du die Grütze essen, die ich für Dich gekocht habe. Ich will nun hinausgehen und Brod backen, und dann den Kaffee bereiten; vielleicht hast Du Geschmack daran, einen Schluck davon zu Dir zu nehmen.

Hiermit erhob sich Louise, ergriff den eisernen Brod-topf und den Sack mit Maismehl, und begab sich nach dem Feuerplatze vor der Hütte. Nero, der große Hund, folgte ihr auf dem Fuße nach, und legte sich bei dem Feuer nieder.

Wiederholt trat Louise an die Hüttenthür und schaute nach dem Geliebten, der ziemlich ruhig zu schlummern schien. Er schlief auch noch, als sie mit dem Brode und dem Kaffee eintrat und beides auf den Tisch stellte. Leise ließ sie sich dabei auf der Bank nieder, um ihr einfaches Mahl zu sich zu nehmen, und auch Nero, der sich neben sie gesetzt hatte, sein Morgen-brod zu geben.

Plötzlich schoß der Hund mit wüthendem Gebell

zur Hütte hinaus und seitwärts an dem Felde hin, wo Louise seine zornige Stimme noch in der Ferne hörte.

Adair war durch das Bellen des Hundes erwacht, und sagte mit ohnmächtiger Stimme:

Es muß Jemand in die Nähe kommen, sieh zu, Louise, wer es ist, und rufe Nero ab; er ist sehr schlimm. Dann sank er wieder zurück und schloß die Augen.

Louise ging hinaus vor die Thür; das Bellen kam aber aus dem Waldstreifen her, der sich bis in die Nähe der Hütte zog, so daß sie des Gegenstandes von Nero's Zorn noch nicht ansichtig werden konnte. Sie schritt nun auf dem Fußpfade hin, der nach dem Walde führte, und erreichte denselben in dem Augenblicke, als Armand, von dem Scherif und noch einem Gerichtsdiener gefolgt, aus dem letzten Buschwerke hervorritt.

Wie wenn sie einen Rettung bringenden Engel erblickt hätte, stürzte sie ihm mit ausgestreckten Armen entgegen und rief:

Der Allmächtige sei gelobt und gepriesen, Herr Armand, der Himmel sendet Sie mir zu Hülfe — ach Gott, Adair ist so krank — ach, helfen Sie, retten Sie!

. Mehr konnte sie nicht hervorbringen; sie hatte aber Armand's Rechte mit beiden Händen krampfhaft erfaßt, und sah unter einem Strome von Thränen flehend und verzweiflungsvoll zu ihm auf.

Armand schreckte mit Entsetzen vor dem Bilde des Jammers, des Elends zusammen.

Fräulein Louise, rief er mit einem Tone tiefsten Erbarmens aus, ist es möglich, Sie so wiederzufinden! Wo ist Adair?

Ach, dort in der Hütte — wenn es nur nicht schon zu spät ist! jammerte das Mädchen und bedeckte ihr Antlitz mit beiden Händen.

Aber warum haben Sie mich nicht früher wissen lassen, Fräulein.... sagte Armand, von Mitleid über= wältigt. Lassen Sie mich sehen, was ich thun kann. Und hiermit sprang er vom Pferde und leitete dasselbe schnell hinter sich her, während Louise mit vor ihrer Brust gefalteten Händen voran nach der Hütte lief.

Sagen Sie kein Wort davon, lieber Otley, weshalb wir gekommen sind; Sie sehen, wir finden hier großes Unglück, wandte sich Armand im Vorwärtsschreiten zu dem Scherif und erreichte dann nach einigen Augenblicken die Hütte. Er hing schnell den Zügel seines Pferdes an einen Baumast und trat dann zu Louisen, welche zitternd und bebend vor der Thür stand.

Hier ist Herr Armand — der Himmel sendet ihn her, Arthur — er kommt, um Dir zu helfen! sagte sie zu dem Kranken, indem sie Armand Platz machte ein= zutreten.

Sein Blick fiel auf die edlen, abgezehrten Züge des jungen Mannes, dessen dunkle Augen ihm mit einem Ausdrucke des Vorwurfs begegneten, dann aber wandten sie sich von ihm ab nach Louisen hin, und füllten sich mit Thränen.

Seien Sie guten Muthes, Herr Adair, hob Armand jetzt mit innigster Theilnahme an, indem er sich zu dem Kranken niederbeugte, seinen Puls fühlte und ihn nun nach Allem fragte, was ihm als Arzt zu wissen nöthig war.

Nochmals, Herr Adair, beruhigen Sie sich über ihren Zustand; er ist so gefährlich nicht, wie Sie es sich denken. Vor allen Dingen aber müssen Sie aus dieser Hütte fort, in der Sie den Nebeln der Nacht ausgesetzt sind, sagte Armand schließlich, nachdem er seine Untersuchung beendet hatte, und trat dann rasch aus der Thür zu dem dort harrenden Scherif.

Der junge Mann ist sehr krank, er hat den Typhus, und bleibt er hier in dieser Hütte, so stirbt er, sagte er zu Otley. Thun Sie mir die Freundschaft, reiten Sie zu Arnold, und bitten Sie ihn in meinem Namen, seinen Korbwagen so schnell wie möglich hierher zu senden; es gelte ein Menschenleben. Er soll den Sitz herausnehmen und den Wagen mit Maisblättern füllen. Eilen Sie, lieber Otley, ich werde Ihnen dankbar dafür sein.

Das ist ein Auftrag, Herr Armand, den ich lieber ausführe, als den, welcher uns hierher brachte, antwortete der Scherif freudig, bestieg rasch wieder sein Pferd und sprengte im Galopp davon.

Armand trat nun in die Hütte zurück, und wandte sich mit den Worten freundlich zu Louisen:

Packen Sie die Sachen des Herrn Abair und die Ihrigen ein, Fräulein, es wird bald ein Wagen hier sein, der Sie Beide nach meiner Wohnung führen soll; dort, hoffe ich, wird der Kranke bald genesen.

Louise wollte antworten, ihre Thränen aber erstickten ihr die Sprache. Sie hielt Armand ihre gefalteten Hände entgegen, und dankte ihm mit einem Blicke, in welchem ihre ganze Seele redete. Dann wischte sie sich die Thränen von den Augen, öffnete schnell den Koffer Abair's, und legte nun dessen Effecten und das Wenige hinein, welches sie mit sich hierher gebracht hatte.

Kaum war eine Stunde verstrichen, als das Rollen eines Wagens hörbar wurde, und Armand, aus der Hütte tretend, den alten Arnold selbst auf dem leichten Fuhr-werke im Trabe angefahren kommen sah. Er eilte nach ihm hin und rief ihm seinen Dank zu, worauf Arnold ihm freudig antwortete:

Habe ich es Ihnen nicht gesagt, Armand, daß es so kommen würde? Es wäre auch schade für den fleißigen

jungen Burſchen geweſen! Haben Sie wohl ſeine Baumwolle angeſehen?

Jawohl ſagte Armand gleichfalls mit frohem Ausdrucke, er iſt ein tüchtiger, ein anſtändiger junger Mann,
und ich hoffe, ihn durchzubringen. Wir wollen ihn ſchnell
nach meinem Hauſe fahren, ehe ſein Fieber wieder zu-
nimmt und ehe die Sonne höher ſteigt.

Der Wagen wurde nun eiligſt für den Empfang
des Kranken hergerichtet, eine Büffelhaut und eine wollene
Decke wurden über die Maisblätter gelegt, der Koffer
hinten auf dem Fuhrwerke befeſtigt, und dann ging Arnold
mit Armand in die Hütte, wo ſie Adair von ſeinem
Lager hoben und ihn auf das für ihn im Wagen bereitete
Bett trugen. Darauf hoben ſie Louiſe zu ihm hinauf,
die ſich nun neben ihm niederließ und ihren Arm um
ſeine Schultern legte, damit ſie die Erſchütterung beim
Fahren vermindern könne.

Alles war bereit zur Abfahrt, Armand beſtieg ſein
Pferd, nahm dankend von dem Scherif Abſchied und ritt
nun dem Fuhrwerke voran, während der alte Arnold das
Wagenpferd mit größter Sorgfalt lenkte, um den mög-
lichſt ebenſten Weg zu treffen. Die Fahrt ging nur ſehr
langſam von Statten und mehrere Male mußte man
anhalten, da der Kranke Anfälle von Ohnmacht bekam.

Endlich hatten ſie Armand's Wohnung erreicht, Adair

wurde unter die kühle, schattige Veranda getragen und auf demselben Platze niedergelegt, wo er Louise zuerst gesehen hatte. Armand ließ dann schnell ein Zimmer zu seiner Aufnahme herrichten, und bald darauf ruhte der junge Mann, der Pflege seiner liebenden Braut übergeben, auf weichem Lager.

Suky war unermüdlich in ihrem Eifer, etwas für den Kranken zu thun, und weigerte sich, Nachts in ihrem Hause zu schlafen. Sie trug ihre wollenen Decken vor die Thür des Krankenzimmers, und verbrachte dort die Nächte, um jedes Winkes der geliebten, guten Lady, wie sie Louise nannte, gewärtig zu sein.

Schon nach wenigen Tagen trat eine günstige Wendung in Adair's Befinden ein, das Fieber setzte in größeren Zwischenräumen aus, die Anfälle verloren an Heftigkeit, und des Kranken Schlaf wurde ruhig und erquickend.

Louisens Seligkeit und ihr Dankgefühl gegen Armand kannten keine Grenzen, und mit jedem Gedanken haschte sie nach Gelegenheit, um ihnen Ausdruck zu geben. Außer den Worten des Dankes aber, die aus ihrer tiefsten Seele kamen, boten sich ihr solche Gelegenheiten nur in der Führung von Armand's Hauswesen, und auf dieses richtete sie nun all ihr Streben, um jeden seiner leisesten Wünsche dabei zu erfüllen.

Während Adair seiner Genesung jetzt rasch entgegenging, wurde das Städtchen eines Tages durch eine Gerichtsverhandlung ungewöhnlicher Art in große Bewegung gesetzt. Die letzte Haushälterin Armand's, die an Fitzmore verheirathete Witwe Gräser, stand nämlich mit ihrem Manne vor Gericht, indem sie ihn wegen Mißhandlung verklagt hatte.

Sie war von dem Geliebten ihres Herzens angegangen worden, den Ochsen beim Pflügen zu führen, und als sie sich geweigert, dieses ungewohnte Geschäft bei dem gehörnten Thiere zu übernehmen, hatte der zärtliche Gatte sie mittelst eines Strickes mit dem Schwanze des Ochsen vereinigt, so daß sie in unzertrennlichem Bündnisse mit demselben dessen Leitung hatte folgen müssen.

Wenn sie nun auch aus Liebe für den Gemahl oft während ihres Ehelebens, wie sie sagte, ein Auge zugedrückt hatte, so war ihr das gewaltsame Bündniß mit der Verlängerung des unvernünftigen Thieres doch zu herabwürdigend und entehrend für ihren seligen Mann Gräser gewesen, als daß sie es hätte dabei lassen können.

Das Gericht hatte ihre Vereinigung mit Fitzmore selbst sofort aufgelöst und diesen in Berücksichtigung des ihr gewaltsam aufgenöthigten Bündnisses zu einem halben Jahre Gefängniß verurtheilt. Da aber sein Unterhalt und seine Bewachung während dieser Zeit der Stadt

zur Laſt gefallen ſein würde, ſo hatten die Bewohner
derſelben und die vielen Anweſenden aus dem Lande kurzen
Prozeß mit dem Delinquenten gemacht, ihn ſeiner Kleidung
entledigt, mit Theer angeſtrichen, dann mit Federn be-
ſtreut und ihn ſchließlich in dieſer Vogelgeſtalt mit
Peitſchenhieben auf Nimmerwiederkehren zur Stadt hinausgejagt.

Die zurückbleibende geſchiedene Witwe und frühere
Haushälterin hatte aber ihre Kenntniſſe und Fähigkeiten
gleich wieder geltend gemacht, denn ſie hatte die Leitung
des Hausweſens in dem Hotel des Witwers Herrn Popes
übernommen, und man raunte ſich bereits in die Ohren,
daß ſie denſelben auch mit ihrer Liebe und mit ihrer
Hand beglücken werde.

Beinahe um dieſelbe Zeit nahm auch das Schickſal
der erſten Haushälterin Armand's eine höchſt romantiſche
Wendung; Theodora hatte ſich leiſe und ungeſehen bei
nächtlicher Zeit von ihrem unter dem Einfluſſe vielen
genoſſenen Branntweins ſanft ruhenden Leander getrennt,
und war mit einem jungen Mormonen als deſſen dritte
Frau über die Cordilleren nach der Mormonenſtadt an
dem Salzſee gezogen.

Es war der letzte Stamm dieſer ſich zur Viel-
weiberei bekennenden Secte unter Capitän Whyte, der,
aus den Vereinigten Staaten mit Feuer und Schwert

vertrieben, auf seiner Flucht durch diese Gegend kam und einige Ruhetage in der Nähe von Herrn Muston's Hütte verbrachte, bei welcher Gelegenheit Theodora sich zu deren Glauben bekannte.

Sechstes Capitel.

Arthur Adair hatte sich vollständig von seiner Krankheit erholt, während welcher Zeit seine Baumwollenpflanzung ihren Ertrag zu spenden begann, denn die ersten reifen Kapseln an den Stauden ließen, bereits erschlossen, die Trobbeln blendend weißer Wolle lang aus sich herabhangen, und das ganze Feld schien mit einem Schauer von Schnee überdeckt worden zu sein.

Armand wollte aber nicht zugeben, daß Adair, dessen fleißige Hände dieses prächtige Feld geschaffen hatten, selbst die reiche Aernte davon einsammeln sollte, weßhalb er einen seiner eignen Neger damit beauftragte und auf seine Bitte Arnold den zweiten dazu stellte, so daß das Feld regelmäßig an jedem Tage durchsammelt wurde. Der Segen, welcher auf der Aernte ruhte, schien gar kein Ende nehmen zu wollen, denn drei volle Monate lang

waren die Stauden an jedem Morgen wieder neu mit
aus den Kapseln hervorgequollener Wolle geschmückt,
Adair ritt aber täglich hinüber, um sich des Lohnes
seiner Arbeit zu erfreuen, und manchmal begleitete ihn
auch nach dem Frühstücke Louise, um seine Freude zu
theilen.

Auf Armand aber fiel das Glück, welches er den
beiden Liebenden geschaffen hatte, doppelt zurück, und
mit einem wohlthuenden Gefühle innerer Zufriedenheit
verfolgte er still beobachtend die Entwicklung ihrer irbi-
schen Seligkeit.

Die Aerntezeit war vorüber, und es trat in der
Feldarbeit eine kurze Ruhe ein, in welcher Menschen und
Thiere sich pflegten und erholten. Armand wollte diese
Wochen benutzen um Adair eine vollendete Heimath zu
schaffen. Er verabredete sich mit allen nahen Nachbarn,
wie sie ihn dabei unterstützen sollten, und er selbst mit
seinen Arbeitskräften so wie jene mit den ihrigen fanden
sich an einem Morgen zusammen bei Adair's Hütte ein
und begannen, dort ein geräumiges, schönes Blockhaus
aufzuschlagen. Als dasselbe nach wenigen Tagen vollendet
war, bauten sie in gleicher Weise eine Küche, ein
Rauchhaus und ein Vorrathshaus, und umgaben sämmtliche Gebäude mit einer zierlichen Staketen-Einzäunung.

Armand hatte dem liebenden Paare zwar sein Vorhaben mitgetheilt, sich aber dabei erbeten, die Arbeit nicht in Augenschein zu nehmen, bis sie vollendet sei. An dem darauf folgenden Sonntage jedoch ritt er mit Beiden hinüber, übergab ihnen den Wohnsitz und machte ihnen das Land, auf dem derselbe stand, zum Geschenke.

Wenige Wochen später war an einem Sonntage großes Fest in Armand's Hause, denn Arthur Abair und Louise Raab empfingen an diesem Morgen den kirchlichen Segen zu ihrer Vereinigung. Alle Nachbarn von nah und fern fanden sich zu dem Feste ein, und gaben dem jungen Paare Abends das Geleit nach dessen Wohnung.

Armand hatte sich selbst ein großes Glück geschaffen die unwandelbarste Freundschaft in Abair's und dessen Gattin treuen Herzen.

Auch in Bezug auf Armand's Hauswesen, dessen Leitung er nach Louisens Verheirathung nothgedrungen abermals der alten, ehrlichen Suky übergeben mußte, trat bald darauf eine für ihn sehr günstige Aenderung ein, denn er war so glücklich, ein in jeder Weise ausgezeichnetes Quadronenmädchen zu kaufen, welches ihm alle deutschen Haushälterinnen tausendfach ersetzte.

Ein Wilder.

Erstes Capitel.

Freud und Leid ist mein Sommer- und Winter-kleid — das Sprüchwort ist doch an uns Beiden zu Schanden geworden; denn unser Kleid war immer Freude, sagte Ben Warrock, einer der äußersten Frontier-männer im Süd-Westen von Amerika, zu seiner Frau, indem er seinen kollosalen Arm um deren Schulter legte, und ihr wohlgefällig und liebevoll in die Augen schaute. Das Glück hat uns aus unserm alten Kentucky, wo wir mit aller Mühe und Arbeit es doch zu nichts Rechtem gebracht hätten, hierhergeführt. Jetzt sitzen wir in der Wolle! Mit zehn Kühen kamen wir hier-her und nun haben wir eine ganze Heerde, über hundert Schweine sind unser, wir wohnen in einem guten, be-quemen Haus und leben wie der Vogel im Hanf-saamen.

Weißt Du es noch, wie wir hier ankamen, und Du unter der Eiche dort mir den ersten Kaffee kochtest? Einen großen Theil unseres Glücks verdanken wir aber unserm Freund Armand, er zeigte mir dies reiche Stück Land, er baute uns das Blockhaus, welches jetzt unser Rauchhaus ist, richtete die Pallisaden um dasselbe auf, und gab uns die erste Sau und ein Dutzend Hühner; ich kann es ihm nie vergessen.

Nun, er hatte auch sein Interesse dabei im Auge, antwortete die Frau, er wollte einen Pionnier gegen die Indianer vor sich wohnen haben, damit er selbst deren Angriffen weniger ausgesetzt sei.

Da hatte er Recht, das Hemd ist Einem näher, als der Rock, ich werde es eben so machen, sobald ein neuer Ansiedler mich um Rath und Beistand anspricht; war Armand doch lange genug der äußerste Pionnier gewesen. Und ich habe meine Haut ehrlich für ihn zu Markte getragen, die verdammten Rothhäute fanden bald aus, daß hier ein Kentuckyer mit einer guten Büchse wohnte, und daß die Luft in meiner Nähe ungesund für sie sei. Läßt sich doch keiner dieser Schurken mehr in der Gegend sehen.

Ja, der Himmel ist uns gnädig gewesen, Ben, ich wüßte gar nicht, was ich mir noch wünschen sollte.

Oho, Frau, einen Buben, den hätte uns der

Himmel doch noch geben können, fiel ihr Warrock rasch in das Wort, verstummte aber plötzlich und sah nach der Thür, durch welche in diesem Augenblick ihre einzige Tochter Lydia eintrat.

Nun Lydia, unser Einziges, unser Alles, was willst Du mit dem Körbchen? fuhr er zu der Tochter gewandt fort und trat ihr mit freudigem Lächeln auf seinen wettergebräunten Zügen entgegen, und küßte sie auf die blendend weiße hohe Stirn.

Ich will von Deinen Lieblingskräutern für heute Abend zum Salat suchen, am Bache dort unten stehen sie in Menge, entgegnete das Mädchen, schlang ihren Arm um den Nacken des Vaters und hob ihre Lippen zum Kusse zu ihm auf.

Ja, Du bist unsre Freude, unser Segen, Du mein — mein Mädchen, sagte der Alte, und drückte sie in innigem Kusse an seine mächtige Brust. Dann reckte er sich tief aufathmend, wie von Glück überfüllt, hoch auf, und fuhr fort:

Nun hat Rufus den Sultan, Deinen Hund, wieder mit auf die Jagd genommen, und ich sehe es gar nicht gern, wenn Du Dich ohne denselben vom Hause entfernst.

Ach, ich gehe ja nicht weit, es sind kaum tausend Schritt von hier, wo die Kräuter stehen, entgegnete

Lydia beschwichtigend, weil sie eine Wolke auf des Vaters Stirn erscheinen sah.

Ei was, er ist auch gar nicht mehr zu Hause, Tag für Tag auf der Jagd, und an Arbeiten kein Gedanke, ich möchte wissen, was ich an ihm habe, versetzte Warrock ärgerlich, und fügte noch gereizter hinzu:

Und dann die sämmtlichen Hunde immer mitzunehmen, so daß nicht einmal ein Wächter beim Hause bleibt!

Und warum geht er täglich auf die Jagd? bemerkte Madam Warrock mit einem Blick auf ihre Tochter.

Nun, weil Lydia nicht seine Frau werden will, und darin thut sie Recht; ich an ihrer Stelle möchte ihn auch nicht haben, und wenn er zehnmal der Sohn Deines Bruders ist.

Die Frau schwieg, obgleich ihr noch eine Antwort auf den Lippen zu schweben schien, doch Warrock fuhr wieder mit seiner gewohnten Ruhe und guten Laune fort:

Jeder für sich selbst, und Gott für uns Alle — mache Du es, wie Deine Mutter es gemacht hat, mein Mädchen, Sie, die feine Tochter eines reichen Mannes, wählte nach ihrem eignen Geschmack, und nahm mich, den armen Teufel, der aber das Herz auf dem rechten

Fleck hatte und arbeiten konnte. Du kriegst noch Männer genug zur Auswahl.

Hier in der Wildniß? fiel Madam Warrock lächelnd ein.

Werden schon kommen, nach den süßesten Früchten steigt man am höchsten, ein solches Mädchen ist wohl einen langen Ritt werth, und mit achtzehn Jahren ist noch keine Besorgniß da, alte Jungfer zu werden.

Lydia hatte an ihrem Körbchen gedreht und gedrückt, um die Nöthe zu verbergen, die ihr auf die Wangen getreten war, jetzt aber ging ihre Geduld zu Ende und, sich nach dem Fenster wendend, sagte sie:

Ach, was Ihr auch immer redet — ich will gar nicht heirathen, ich will bei Euch bleiben, damit ich Euch pflegen kann, wenn Ihr alt werdet.

Sollst auch bei uns bleiben, mein Liebling, und wenn Du mir einen Schwiegersohn ins Haus bringst, so soll er mir willkommen sein, und wäre er so blank, wie ein Indianer, wenn er Dich nur lieb hat und arbeiten kann; das sind meine Bedingungen, antwortete der Alte, strich mit seiner rauhen Hand über das seidenweiche, blonde Haar der Tochter, und drückte seine Lippen zärtlich auf ihren Scheitel.

Warrock, von Kentucky hierher ausgewandert, war eine jener kräftigen Gestalten, wie man sie häufig an

der Grenze der Civilisation den Gefahren der Wildniß
die Stirn bieten sieht.

Sein athletischer Körper, so schwer er auch erschien,
stand dennoch in vollstem Ebenmaaß, und seine Bewegungen, wenn auch nicht schnell, waren leicht, und
zeugten von ungewöhnlicher Muskelkraft. Er war ein
Mann von fünfzig Jahren, ein noch schöner Mann,
wenn auch seine braunen Locken schon einen Anflug von
Silber trugen. Rauh und hart, wie der ungeschliffene
Diamant, blitzte aus seinem Charakter doch jederzeit der
helle, reine Schein seiner edlen Seele hervor, und wenn
er auch oftmals in seinem leicht erregten Unwillen, oder
Zorn rücksichtslos und hartherzig erschien, so trat doch
gleich wieder seine natürliche Herzensgüte, sein weiches,
für das Edle und Schöne so empfängliche Gemüth in
den Vordergrund, und besiegte den Sturm seiner Gefühle, die mit der Kraft seines herkulischen Körpers so
sehr in Einklang standen.

Die Frau dagegen war ruhig, sinnig und fügsam,
und wußte stets den Stimmungen ihres Mannes richtig
zu begegnen, in seiner Gereiztheit durch Schweigen und
Nachgeben, in seiner Freude durch Theilnahme, Heiterkeit und Redseligkeit; die Liebe aber wich nie einen
Augenblick aus den Herzen der beiden Gatten, sie ließ
sie jederzeit Freud und Leid zusammen tragen.

Die achtzehnjährige Lydia war ein schönes Kind: hoch und schlank von Gestalt, war sie ein Bild kräftiger, blühender Jugend, während zugleich in ihrer ganzen Erscheinung eine ungemeine Zartheit und Biegsamkeit lag. Ihren schönen, zierlichen, mit üppiger Fülle hellblonder, seidenweicher Locken und Flechten geschmückten Kopf trug sie mit anspruchsloser Lieblichkeit auf hohem, blendend weißem Nacken, ihre Wangen waren mit zartem Pfirsichroth überhaucht, der Perlenglanz ihrer Zähne von frischen Lippen, wie von Granatblüthen umrahmt, und in ihren großen, blauen Augen schien der Himmel sich zu spiegeln.

Zart und lieblich wie ihr Körper war auch ihre Seele, die noch nie von der rauhen Hand des Schicksals berührt, nur das Glück des Lebens kannte, welches ihr die Liebe ihrer Eltern, der ungetrübte Friede ihres Innern und die wunderbar herrliche Natur gab, die ihr von allen Seiten entgegenlachte. Wenn auch nie laut fröhlich, so war sie doch immer heiter und zufrieden, und ein freudiges Lächeln fand leicht den Weg auf ihre schönen Züge. Dabei war sie immer thätig, nahm der Mutter gern alle Arbeit ab, und suchte dem Vater jeden Wunsch abzulauschen und zu erfüllen, noch ehe er auf dessen Lippen trat.

Der kleine Lebenskreis, den ihr hier die Wildniß vorzeichnete, war ihr genügend, um ihr Glück zu entfalten, und die Erinnerung an das civilisirte Leben in Kentucky, wo sie die Gespielinnen zurückgelassen, wo sie ihre Bildung erhalten, wo sie bequem und in Ueberfluß gelebt hatte, ließ ihr keine der vielen Entbehrungen fühlen, denen sie sich hier unterziehen mußte. Ihre Häuslichkeit war ihr Himmel, und der Wünsche hatte sie keinen.

Jetzt will ich nach dem Feld gehen und sehen, was die Neger geschafft haben, sagte Warrock, indem er seinen breitrandigen grauen Filz ergriff, der Mais ist prächtig aufgegangen, der letzte Regen hat ihm gut gethan.

Hierbei drückte er den Hut auf seine Locken, reichte der Frau und der Tochter seine Hände hin, und begab sich dann dröhnenden Schritts, mit den Worten aus dem Zimmer:

Bleib nicht zu lange aus, Lydia, und geh mir nicht zu weit.

Während Du die Kräuter suchst, will ich den Salat aus dem Garten holen, bemerkte Madam Warrock zu der Tochter gewandt, doch diese fiel ihr rasch in die Rede, und sagte:

Nein nein, liebe Mutter, bleibe hier, ich habe nicht daran gedacht, daß Hanna mit im Felde an der Arbeit ist, ich will schnell den Salat holen; die Sonne steht ja noch ziemlich hoch, und es bleibt mir noch tausend Zeit, um die Kräuter zu suchen.

Und trotz der Einwendungen der Mutter sprang Lydia davon nach dem Garten.

Die Frau blickte ihr schweigend nach, faltete aber ihre Hände, und sah mit dankbarem, beseligtem Blick nach Oben.

Lydia kam bald zurück, und brachte ihrer Mutter, die sie vor der in kurzer Entfernung von dem Hause stehenden Küche erwartete, den Salat.

So, ich habe lauter Forellenlattich genommen, den ißt der Vater am liebsten, sagte sie vergnügt, nun will ich noch die Kräuter dazu holen, und dann bereite ich ihn auch selbst, Du weißt es, der Vater hat es gern, wenn ich es thue.

Ja, ja, das weiß ich wohl, antwortete die Frau lächelnd, und wenn ich Etwas auch genau ebenso zurecht mache, wie Du, so schmeckt es doch immer besser, wenn Fräulein Lydia es zubereitet hat — bist ja nun einmal sein Verzug, und auch der meinige.

Dabei legte sie ihre Hand liebevoll um die Schulter der Tochter, küßte sie, und sagte dann:

Nun eile Dich, damit Du wieder hier bist, wenn der Vater zurückfehrt.

Lydia umarmte ihre Mutter nochmals mit herzlicher Innigkeit und glitt dann mit den Worten: „Ich komme bald wieder", aus der Thür.

Die Sonne senkte sich schon hinab zu den Gebirgen, die im Westen, wie Terrassen übereinander aufgethürmt, sich erhoben, und die himmelhohen Cedern von den Ufern des Baches, der unweit Warrock's Ansiedelung vorüberfloß, streckten ihre Schatten weit über den saftigen Wiesengrund, durch welchen Lydia mit dem Körbchen am Arm, leise singend, dahinschritt.

Kein Lüftchen rührte sich, und doch war mit dem Sinken der Sonne eine erquickende Kühle eingetreten, namentlich in der Nähe des Baches, den Lydia nach wenigen Augenblicken erreichte.

Sie nahm ihren weißen leinenen Sonnenhut ab, legte ihn in das Gras, stellte ihr Körbchen daneben, und begann nun schnell, die zarten Pflänzchen, die sie suchte, zu pflücken. Sie standen aber hier nur noch sehr einzeln, weil sie diesen Platz, als den nächsten zu ihrer Wohnung, schon zu oft ausgebeutet hatte. Ungeduldig schritt sie hin und her und sammelte, doch der Ertrag ihrer Bemühung war sehr wenig lohnend.

Da nahm sie rasch ihr Körbchen wieder auf, ergriff ihren Hut, und schritt, seitwärts durch die Laubmassen nach der sinkenden Sonne schauend, eilig an dem Bache hinauf, um einen weiter gelegenen Platz zu besuchen, wo sie wußte, daß sie die gewünschten Kräuter in großer Menge vorfinden würde.

Nach wenigen Minuten hatte sie denselben erreicht, blickte freudig auf die reiche Ernbte nieder, die überall aus dem Grase hervorsah, und begab sich gleich an die Arbeit, um baldmöglichst wieder nach Hause zurückkehren zu können, denn die Sonne warf jetzt ihren letzten Blick funkelnd und blitzend zwischen den eisgekrönten Höhen der Cordilleren in das Thal nieder, und sank dann, während dieselben wie in Gold gefaßte Rubine erglühten, den Himmel mit feurigem Purpur röthend, in ihr Bett hinab.

Lydia hatte ihr mit Bewunderung nachgeschaut, und hielt wonnig bewegt ihren Blick auf die glühenden Gipfel, die duftig blauen, dunkelnden Gebirge geheftet; das Bild war zu himmlisch schön, als daß sie sich so schnell hätte davon trennen können. Dann ließ sie ihre Augen um sich wandern; wie reizend, wie lieblich war die Natur um sie her — mit welcher Farbenpracht sahen die Blumen in ganzen Feldern aus der weiten Grasflur hervor, wie glühten und prangten sie über ihr

11*

bis in die Wipfel der Bäume an zierlichen Ranken und Schlingpflanzen, und wie wunderbar herrlich glänzten die schneeigen Riesenblüthen in dem dunkeln Laube der nahestehenden, himmelhohen Magnolien. Dabei sangen, flöteten und zwitscherten die Vögel so munter, so fröhlich, als hätten sie sich vor Schlafengehen noch viel zu erzählen, während die Wellen des Baches ihnen ihr Schlummerlied zumurmelten.

Lydia hatte für den Augenblick das Kräutersammeln ganz vergessen, ließ sich nun aber hastig nieder, um das Versäumte nachzuholen, da wurde ihr Blick durch eine Bewegung in den Laubmassen auf dem Ufer des Baches gefesselt.

Langsam richtete sie sich auf und sah nach den Büschen hin, dieselben bewegten sich wieder, und jetzt an mehreren Stellen, sie erschrak, ihr Athem stockte, ein Schrei des Entsetzens gellte von ihren Lippen, denn in diesem Augenblick theilte sich das dichte Gesträuch, und sechs Indianer stürzten daraus hervor.

Hülfe — Hülfe! rief sie mit aller Macht ihrer hellen Stimme, daß es weit durch das Thal schallte, und ein Augenblick nachher antwortete der alte Warrock aus dem Maisfelde herüber mit einem furchtbaren Schreckensrufe, der von dem Echo in den Bergen wiedergegeben wurde.

Lydia floh wie eine gescheuchte Antilope über die

Grasfläche dem Hause zu, doch nur wenige fliegende Schritte hatte sie gethan, als ein nackter rother Mannsarm sich um sie schlang, und sie in ihrem Lauf zurückhielt.

Schrei auf Schrei gellte von ihren Lippen, und wurde von Warrocks Löwenstimme beantwortet, doch die Wilden hoben sie auf ihre Arme, und trugen sie trotz Sträuben und Ringen fliehend durch den Bach auf das jenseitige Ufer, wo ihre Rosse an Bäumen befestigt standen. Dort banden sie die Geraubte an Händen und Füßen, hoben sie zu einem der Indianer auf das Pferd, die Andern schwangen sich gleichfalls in die Sättel, und fort stoben sie mit ihr in sausender Carriere den Bergen zu.

In diesem Augenblicke stürzte Warrock wie ein angeschossener Bär in das Zimmer, nachdem er vor der Thür den Hut vom Kopfe verloren hatte. Er brüllte unverständliche Worte, die wie Flüche klangen, hervor, und stürmte donnernden Trittes in die anstoßende Kammer.

Mein Gott, Ben, was ist Dir? rief Madame Warrock, zu Tode entsetzt, und rannte ihm nach.

Lydia — Indianer! raste er hervor, daß das Haus bebte, und ergriff seine Waffen.

Was sagst Du — Lydia von Indianern geraubt? schrie die Frau, und rang ihre Hände ihm entgegen.

Ja, ja — so ist's — aber bei Gott — Ben

Warrock wird sie bezahlen, und wenn es ihrer Hundert wären! antwortete der Mann mit einem Tone höchster Wuth und Verzweiflung.

Um des Himmelswillen, Ben, allein willst Du den Wilden folgen? schrie die Frau wieder, und suchte ihn zurückzuhalten.

Wo ist mein Hut! rief Warrock aber, indem er sie zur Seite schob, und suchend hin und her durch das Zimmer donnerte.

Ben, ich bitte Dich, ich flehe Dich an, nimm die Neger mit Dir, bedenke Dein eigen Leben, jammerte die Frau wieder, und warf sich ihm in den Weg, doch Warrock rief mit wüthender Stimme:

Weib, mach mich nicht rasend; hat der Teufel die Trompete geholt, so mag er auch das Mundstück nehmen! Wo ist mein Hut?

Hier, Herr, antwortete ein Negerbursch, den Hut in die Thür reichend, Ihr Pferd ist gesattelt.

Ben Warrock mit der Büchse in der Hand, und einer schweren Holzaxt in dem Gürtel, stürmte aus dem Hause zu seinem Rappen, schwang sich in den Sattel, und sprengte wie ein riesiger Rachegeist dem Abend- roth zu.

Fort stob er auf der Spur der Indianerrosse, daß die Funken unter den Hufen seines mächtigen Rappen sprühten, über Stock und Stein dahin, und spähete dabei mit seinem Falkenblick in die dunkelnde Ferne, während seine mit Angst und Verzweiflung gefüllte Brust sich wieder und wieder durch entsetzliche Töne Luft machte.

So jagte er fort über Berg und Thal, und hielt die scharfen Sporn in die hochschlagenden Flanken seines edlen Thieres vergraben, bis dasselbe den Athem verlor, und mit Schaum bedeckt, den stürmischen Anforderungen seines Reiters nicht mehr Folge leisten konnte.

Die Nacht war hereingebrochen, die Spuren der Indianerpferde waren nicht mehr zu erkennen, und Warrock konnte die Verfolgung nicht weiter fortsetzen. Sein Riesenleib bebte, seine Hände preßte er krampfhaft ineinander, und flehte, mit zum Sternenhimmel erhobenem Blick, den Allmächtigen um Hülfe und um Rettung für sein theures, einziges Kind an. Dann sank er, von Schmerz und Weh erdrückt, in sich zusammen, und wandte sein müdes Roß in der Richtung nach seiner Wohnung zurück.

Es war auf dem scharfen Rücken eines Berges, wo Warrock die Verfolgung aufgab, und unten in dem Thale, in einem schmalen, dichten Waldstreif auf dem Ufer des dort rauschenden Baches hielten sich die Indianer mit der geraubten Lydia verborgen, weil ihre Pferde sie nicht weiter hatten tragen wollen.

In dem Augenblick, als vor dem dunkelrothen Abendhimmel Warrock's schwarze Gestalt auf der Höhe erschien, warf sich Kenos, einer der Wilden, nach der neben ihm liegenden Lydia herum, preßte seine Hand auf deren Mund, und erstickte dadurch den Schrei, den sie ausstoßen wollte, denn auch sie hatte den Vater erblickt und erkannt, und rang nun mit aller Kraft gegen die Gewalt des Indianers, um ihre Lippen zu befreien, doch umsonst, die Hand des Wilden hielt sie geschlossen, bis der Reiter auf seinem Rückweg die Höhe wieder verlassen und hinter derselben verschwunden war.

Laß sie los, Kenos, ihre Stimme kann nicht über den Berg reichen, sagte jetzt Paneo, einer seiner Gefährten, mit verweisendem Tone auf indianisch zu ihm, worauf Jener die Hände von Lydia zurückzog, und diese in ihrer Verzweiflung in laute Wehklagen ausbrach.

Wir wollen noch weiter reiten bis in das zweite Thal, dort finden wir Gras für unsre Pferde, hier müßten sie während der Nacht hungern, fuhr Paneo halb befehlend fort, und richtete sich auf.

Mein Pferd kann mich und sie nicht weiter tragen, es wollte ja hier schon zusammenbrechen, versetzte Kenos.

Ich werde sie zu mir auf mein Roß nehmen, entgegnete Paneo, und fügte nach einigen Augenblicken noch hinzu: Ich bin ja auch der Einzige unter uns, der ihre Sprache redet, und kann sie vielleicht zur Ruhe sprechen. Kommt, laßt uns eilen.

Damit schritt er zu seinem Pferde, führte es aus dem Dickicht hinaus in das Freie, und schwang sich auf dessen Rücken, während zwei seiner Gefährten die Gefangene zu ihm hintrugen.

Schreiend und jammernd sträubte sich Lydia gegen die Gewalt, doch sie wurde hinauf auf das Pferd vor Paneo gehoben, dieser schlang seinen Arm bebend um ihren schlanken Körper, und preßte seine zitternde Rechte auf ihren Arm.

Sei ruhig, schönes Mädchen, sagte er mit weicher, melodischer Stimme in gutem Englisch, als seine Gefährten in das Dickicht zurückgeeilt waren, um ihre Pferde herauszuführen, sei ruhig und weine nicht, denn bei der fliehenden Sonne, die noch mit ihrem Blick das Eis der Gebirge röthet, gelobe ich es Dir, ich rette Dich, oder sterbe mit Dir.

Wie wenn der Allmächtige, zu dem sie flehte, die Worte zu ihr gesagt hätte, so zuckte Lydia, von Hoffnung erfaßt, zusammen, ergriff mit ihrer gefesselten Hand krampfhaft die Rechte des Indianers, und stammelte:

Was sagst Du — ist's möglich, — Du willst mir

beistehen, willst mich retten? doch Panio unterbrach sie
rasch, indem er halb leise fortfuhr:

Still, still, sei traurig, wie die vom Sturm zer-
rissene Blüthenranke, und vertraue der Eiche, die Dich
in ihren Schutz nimmt. Meine Gefährten sehen scharf,
und ihr Verdacht würde uns Beide verderben.

Mit einem tiefen Athemzug und einem „Gottlob"
auf den Lippen hob Lydia ihren Blick zum Himmel auf,
und Thränen der Hoffnung, der Freude entquollen ihren
Augen, doch kein Laut, kein Wort entstieg ihrem Munde,
sie schmiegte sich fester in den Arm ihres Rettungsengels,
und ließ ihr Haupt gegen seine Brust sinken.

Reitet voran und sucht den besten Weg, damit mein
Pferd sichern Fußes gehe, rief Paneo nun seinen Ca-
meraden zu, die auch in ihre Sättel gesprungen waren,
worauf dieselben hinter einander den Berg hinan ritten,
und Paneo ihnen mit seiner schönen Bürde langsam
nachfolgte.

Paneo muß sich hart und grausam gegen Dich
zeigen, doch im Herzen ist er Dir gut, wie der Abend-
wind der duftenden Blume. Was er auch thut, glaube,
und vertraue auf ihn, sei froh im Herzen, aber traurig
in Deinem Blick, hub Paneo nach einer Weile an, nachdem er die Entfernung zwischen sich und seinen Gefährten ein wenig vergrößert hatte.

Laß mich das Lederband von Deinen Händen nehmen, es muß Dich schmerzen, fuhr er nach kurzer Pause fort, und löste die Fessel, welche dieselben zusammenhielt.

O, Du guter Mensch, wie soll ich Dir danken, sagte Lydia mit schluchzender Stimme, ergriff die Hand des Indianers, und drückte ihre Lippen darauf.

Kann Paneo von der Sonne Dank dafür fordern, daß er sie verehrt — und muß er sie nicht verehren? antwortete der Indianer tief bewegt, nein, schönes Mädchen, keinen Dank — er würde ja Paneo's That den Werth nehmen.

Dann trieb er sein Pferd zu rascherm Schritt an, um den Vorausreitenden wieder näher zu kommen, und Lydia dankte mit Thränen dem gütigen Gott, der ihr in ihrer höchsten Noth so sichtbarlich zu Hülfe kam.

Schweigend zogen die Reiter durch die Nacht dahin, deren Stille nur durch das Geheul der Wölfe und den wimmernden Ruf der Eulen unterbrochen wurde, nach Verlauf von einer halben Stunde aber hielten sie an einem wild brausenden Bergwasser an, dessen Ufer mit hohem Gras bedeckt war.

Du hast ihr ja die Hände losgebunden, sagte Kenos zu Paneo, als er Lydia von dessen Rosse hob und sie auf ihre gefesselten Füße niederstellte.

Sie hat sich in ihr Schicksal ergeben, erwiedert

Paneo, vom Pferde springend, ich will ihr auch die Füße lösen, denn weglaufen kann sie uns doch nicht. Zündet nur schnell ein Feuer an, damit wir sie im Auge behalten können.

Bei diesen Worten warf er sich vor Lydia nieder, löste das Lederband von ihren Füßen, und führte sie dann an der Hand nach dem Bache, wo seine Gefährten beschäftigt waren, das Lagerfeuer anzufachen.

Dort nahm er die große, lockige Büffelhaut von seinem Pferde, breitete sie unter einem Baume aus, und befahl nun der Gefangenen mit barschen Worten und Bewegungen, sich darauf niederzusetzen.

Während er dann seinem Pferd Sattel und Zeug abnahm, und es in das Gras führte, loderte das Feuer hoch auf, und dessen Funken flogen mit dem eingetretenen kühlenden Luftzug weit in die Dunkelheit hinaus.

Zweites Capitel.

Lydia saß, von dem hellen zitternden Scheine der Flammen beschienen, gegen den Baumstamm gelehnt mit gesenktem Haupte und in ihrem Schooße gefalteten Händen da, und ihr prächtiges Haar hing ihr in vollen Locken über Schulter und Busen herab.

Paneo trat jetzt zu dem Feuer, um welches sich seine Kameraden bereits gelagert hatten. Er war ein Jüngling von kaum zwanzig Jahren, ein Bild männlicher Schönheit. Schlank und hoch gewachsen, zeugten seine zierlichen jugendlichen Formen doch von großer Muskelkraft, und seine Bewegungen waren frei, elastisch und vornehm. Sein edles Antlitz trug ein scharf geschnittenes, römisches Profil, war von tief schwarzem, glänzendem Haar, welches zu beiden Seiten über seine hochgewölbte Brust in schweren Flechten herabfiel, ein-

gerahmt, und in seinen großen dunkeln Augen lag ein
Ausdruck von Schwermuth. Seine zarte sammetweiche
Haut war mit einer kupfrigen Röthe überhaucht, wie
wenn die Tropensonne sie durchströme, und seine Hände
und Füße waren auffallend klein und schön geformt. Er
trug einen Schmuck von weißen, langen Perlen, die bis
auf die Mitte seiner Brust herabhingen, um seinen stolz
gehobenen Nacken, glänzende Metallringe um seine mus=
kulösen Arme, einen lang befranzten, hirschledernen Rock
um seine Hüfte und zierlich geschnittene Schuhe an
seinen Füßen.

Als er zum Feuer trat, hielt er seinen Blick auf
die schöne Gestalt des weißen Mädchens geheftet, da hob
Lydia ihre großen, blauen Augen zu ihm auf, und schaute
ihn an, als wolle sie ihm den Dank ihres Herzens darin
lesen lassen.

Ihr Blick traf Paneo in tiefster Seele, sein Herz
setzte seine Schläge aus, und beide Hände gegen seine
Brust drückend, als wolle er sich selbst von ihr zurück=
halten, schwur er ihr mit seinen tief dunkeln Augen
Treue und Ergebenheit bis in den Tod.

Was wird unser Häuptling Kateumsi sagen, wenn
wir ihm statt der Pferde des Amerikaners dies schöne
Mädchen bringen? hub Kenos zu Paneo gewandt an,
und zeigte mit der Hand auf Lydia.

Er wird es uns danken und wird uns reich dafür belohnen, antwortete Paneo, wenn uns die Weißen morgen nur nicht einholen, und uns den schönen Fang wieder abjagen; das Pferd, welches mit seinem Reiter auch noch das Mädchen tragen soll, wird weder schnell, noch weit laufen können.

Was rathest Du uns dann, zu thun? Du bist ja immer der Rathgeber in unserm Stamme, versetzte Kenos.

Nun, ich würde rathen, daß wir uns vertheilten und verschiedene Richtungen einschlügen, so daß die Weißen in unserer Spur irre würden. Ich folge mit dem Mädchen und Einem von Euch der geraden Richtung, Zwei von Euch biegen links und die andern Beiden rechts ab, und bei Kateumsi im Lager kommen wir wieder zusammen. Wenn die Weißen sehen, daß wir uns getrennt haben, so werden sie denken, daß wir mit dem Mädchen zur Seite abgebogen seien, und Euch auf Euern leeren Pferden sollen sie wohl nicht einholen.

Ich glaube auch, so wird es am Besten gehen; wen von uns willst Du mit Dir nehmen? bemerkte Kenos.

Den, welcher das beste Pferd hat, das Deinige ist zu sehr vom heutigen Ritt ermüdet, antwortete Paneo.

Dann muß Salhachi Dich begleiten, und wenn die

Sonne sich zum zweiten Male zu senken beginnt, könnt Ihr schon bei Kateumsi im Lager sein, sagte Kenos, und fügte noch nach einigen Augenblicken hinzu: Wer weiß, vielleicht kommt er Dir schon auf halbem Wege entgegen, da es ihn sehr nach dem Rappen des Amerikaners gelüstete.

Um so besser, dann komme ich früher aus der Gefahr, daß mir das Mädchen abgejagt wird, versetzte Paneo, dann aber wandte er sich mit finsterm Blick zu Lydia, und sagte mit barschem Tone:

Erschrecke nicht, Du Wunderblume, vor der rauhen Stimme Deines Sklaven, es sind nur seine Lippen, die sie Dir hart und grausam zusenden müssen, aus seinem Herzen kommt sie mild und bittend; hast Du einen Wunsch den Paneo Dir erfüllen kann — soll er Dir einen Trunk aus den klaren Wellen des Baches schöpfen?

Ja, ja, Du Guter, Du mein Retter! reiche mir das Wasser, von Deiner Hand wird es mir wohlthun und mich stärken, antwortete Lydia mit einem seelenvollen, dankbaren Blick.

Wir müssen sie frisch erhalten, damit sich das Herz unsres Häuptlings an ihr erfreue, sagte Paneo nun zu seinen Gefährten und ging mit seinem Trinkhorn nach dem Bache hinab.

Mit demselben finstern Aeußern kehrte er zurück, und reichte Lydia den Trunk mit den Worten hin:

Trink Ruhe und Hoffnung. Möge der große Geist Paneo gnädig sein und ihm beistehen, Dich zu retten.

Lydia nahm mit bebender Hand das Horn, und trank, indem sie Gott um seinen fernern Beistand anflehte, dann gab sie ihrem Freunde das Gefäß zurück und sagte:

Ich danke Dir mit meiner ganzen Seele.

Nun ruhe Dich aus, und sammle neue Kräfte für Morgen; Paneo wacht, wenn Du schläfst, und zählt die Athemzüge, die über Deine schönen Lippen gehen, fuhr der Wilde mit ebenso unfreundlichem Tone fort, und setzte sich dann bei seinen Kameraden, Lydia zu Füßen, nieder.

Da kommt der Mond, er wird noch auf den neuen Tag scheinen, so daß wir sehr früh reiten können, hub Paneo nach einer Weile an, und zeigte auf den östlichen Himmel, an dem die leichten Wölkchen sich mit schimmerndem Perlenglanz erhellten, und wo nach einigen Augenblicken die glühende Scheibe des Mondes über dem fernen Horizont in voller Majestät emporstieg.

Leg Dich schlafen, Du schöne Magnolienblüthe, der Gott der Nacht wirft sein Licht auf Dich herab, so daß Paneos Auge über Dich wachen kann, sagte dieser jetzt wieder zu Lydia, indem er aufstand und seinen Sattel an dem Baum unter die Büffelhaut schob, damit er ihr als Kopfkissen dienen sollte.

Lydia folgte seiner Aufforderung, legte sich nieder, und schloß, ihre Hände vor ihrer Brust haltend, die Augen.

Darauf streckte sich Paneo zu ihren Füßen hin, so daß sein Ellenbogen, auf den er sich stützte, auf ihrem Kleide ruhte, und sagte nun zu seinen Gefährten:

Schlaft, Paneo wacht.

Dieselben sanken auf ihre Sättel zurück, und bald lagen alle in festem Schlafe.

Paneo's Augen allein schlossen sich nicht, sie blieben unbeweglich auf Lydia gerichtet, die von Müdigkeit über= wältigt, gleichfalls in den Armen des Schlafes ruhte.

Die Flamme des Feuers war erloschen, doch das Mondlicht lag mit Tageshelle auf der Gebirgslandschaft und zitterte durch das hohe Laubdach auf die sanft schlummernde, schöne Lydia.

Paneo saß aufrecht mit untergeschlagenen Armen, und sah auf die Schläferin, und so saß er, bis der Morgen über den fernen Bergen graute, und seine Kameraden aufsprangen und sich beeilten, ihr Frühstück zu bereiten.

Redet leise, damit das Mädchen nicht erwache, Kateumsi soll sein Herz an ihr erfreuen, sagte Paneo zu ihnen, und steckte nun selbst die Brust eines wilden Truthahns an einem Stock vor der Kohlengluth auf, um sie für Lydia recht schmackhaft zu rösten.

Auch die Pferde hatten sich erhoben und weideten in dem üppigen, frisch bethauten Gras, während der neue Tag sein Licht hell und klar über Berg und Thal ausbreitete.

Jetzt ließ Paneo seinen Blick über die helle Gegend schweifen, und sah dann wieder auf die noch sanft ruhende Lydia, als thue es ihm leid, sie wecken zu müssen, es war aber Zeit zum Aufbrechen; so neigte er sich denn zu ihr nieder und ergriff leise ihre Hand. Sie schlug die Augen auf, und fuhr zusammen, doch Paneo sah sie so bittend, so liebevoll an, daß sie im nächsten Augenblick wieder ihren rettenden Engel in ihm erkannte.

Du hast süß geruht, der Gott des Traumes hat Deine Seele erfreut; Paneo hat es an dem Lächeln Deines Mundes erkannt.

Nun komm und iß, Dein Sklave hat Fleisch für Dich zubereitet, sagte der Indianerjüngling mit rauher Stimme zu ihr, widersprach aber deren Ton durch den innigen, bittenden Blick, mit dem er sie anschaute.

Lydia erwiederte denselben mit allem Dank, den ihre Augen auszusprechen vermochten, setzte sich auf, empfing nun die Speise aus der Hand ihres Freundes

12*

und dann auch den frischen Trunk, den er für sie aus dem Bache schöpfte.

Ihr Vertrauen zu ihm wuchs mit jedem Augenblick; lag doch so viel Wahrheit in seinen treuen Augen und so viel Edelmuth auf seinen schönen Zügen. Wieder und immer wieder dankte sie dem Allmächtigen für so sichtbarlich wunderbare Hülfe, und immer mußte sie wieder nach dem braven Jüngling hinschauen.

Paneo trieb seine Gefährten zum Aufbruch an, er ließ sie die Pferde satteln, bestieg das seinige, und ließ Lydia nun zu sich herauf heben.

Mit jauchzendem Herzen, doch traurigem, in ihr Schicksal ergebenem Aeußern, legte sie sich in ihres Freundes Arm, als dieser abermals seine Kameraden vorausfandte und ihnen in kurzer Entfernung nachfolgte.

Wie bald wirst Du mich denn zu meinen Eltern zurückbringen, guter Paneo? fragte sie diesen mit leiser, flehender Stimme.

Wenn der große Geist uns gnädig ist, ehe die Sonne zum dritten Male hinter den riesigen Höhen der Berge versinkt, antwortete der Jüngling mit einem Ausdruck beseligender Hoffnung, und fügte nach kurzer Pause mit wehmüthigem Tone noch hinzu:

Erfreue aber Paneo jetzt nicht mehr mit dem lieblichen Klang Deiner Stimme, die Männer vor uns haben Ohren wie der Luchs, und sind mißtrauisch wie der Panther.

Schweigend eilte nun der Reiterzug nach Nordwest über Berg und Thal, und erst, als die Sonne schon ihr goldnes Licht über die Welt ausgegossen hatte, ließ Paneo an einem Bache die Pferde anhalten.

Hier wollen wir uns trennen, sagte er zu den Andern, Kenos, reite Du mit einem Mann links, Ihr Beiden biegt rechts ab, und ich ziehe mit Salhachi gerade aus. Wenn die Sonne zum zweiten Male sinkt, sehen wir uns bei Kateumsi wieder und erhalten unsern Lohn für unsern Fang. Laßt Eurer Pferde Athem nicht ruhig und ihr Haar nicht trocken werden, damit Ihr Kateumsi bald sagen könnt, welches Glück Paneo ihm zuführt, dann wird er uns sicher entgegenziehen.

Darauf winkte er ihnen noch mit den Worten „Der große Geist führe Euch!" Lebewohl zu, und folgte nun mit Lydia im Arm, und von Salhachi, einem stämmigen, finster aussehenden Indianer geführt, seiner Richtung nach Nordwest.

In der Ansiedelung Warrock's hatte während dieser Nacht Niemand die Augen geschlossen, denn die Herrschaft so wie die Sclaven waren über den Raub Lydias in höchster, in rasender Verzweiflung.

Warrock selbst hatte, von Angst und Jammer getrieben, die ganze Nacht rastlos hin- und herrennend, auf den Füßen verbracht und mit verzweifelndem Verlangen nach dem östlichen Himmel geschaut, ob der Tag noch nicht grauen wolle.

Madam Warrock, wehklagend und in Thränen vergehend, hatte in ihrem Zimmer gesessen, oder auf ihren Knieen den Allmächtigen laut um Hülfe für ihr einziges Kind angefleht, und Rufus Vortram, ihres Bruders Sohn, der erst spät Abends von der Jagd nach Hause zurückgekehrt war, hatte rastlos umhergehend geflucht und Verwünschungen gegen die Indianer ausgestoßen, und ihnen ewige, blutige Rache geschworen.

Rufus Vortram war ein nicht großer breitschultriger junger Mann mit schwarzem, borstigem Haar, dunkler, sonnverbrannter Hautfarbe und kleinen, lebendigen, schwarzen Augen.

Er hatte schon über ein Jahr bei Warrock gelebt, ohne sich ernstlich bei irgend welcher Arbeit zu betheiligen, hatte seine Zeit mit Fischfang und auf der Jagd verbracht, und war Warrock als Mussiggänger keine angenehme Persönlichkeit, seiner Frau zu Liebe jedoch duldete dieser ihn bei sich, und dann war es ihm auch nicht unlieb, noch einen Mann, namentlich einen weißen Mann, mehr in seinem Hause zu haben, weil er sich oftmals halbe, ja ganze Tage lang von der Farm entfernte.

Vortram war in so fortwährender Nähe der schönen
Lydia nicht gleichgültig gegen deren Reize geblieben, und
eine Leidenschaft für sie hatte sich seiner bemächtigt, die
er bei jeder Gelegenheit ihr zu erkennen gab. Sein ab=
sprechendes, an Nichts theilnehmendes, schroffes Wesen
aber war nicht geeignet, auf die sanfte tiefgefühlvolle
Lydia einen angenehmen Eindruck zu machen und ihre
Zuneigung zu gewinnen, und wenn sie sich auch aus
Rücksicht für ihre Mutter stets freundlich und gefällig
gegen den jungen Mann benahm, so hatte sie doch zu
wiederholten Malen seine Anträge auf das Allerbestimmteste
zurückgewiesen.

Kaum hatte nun der neue Tag sein Licht genügend
über die Gegend verbreitet, um eine Pferdespur erkennen
zu können, so war der alte Warrock mit Büchse und
Axt zu Roß, und sprengte von Vortram und seinen drei
Negermännern gefolgt, dem Bergrücken zu, wo er am
Abend vorher die Spur der Indianer verlassen hatte.
Als er von dort aus aber den Lagerplatz erreichte, wo
die Räuber mit seinem Kinde übernachtet hatten, und er
nun sah, wie sehr nahe er ihnen gewesen war, da schien
er rasend werden zu wollen, und schwur, daß er ihnen
nun folgen würde, und ginge es an der Welt Ende.

Bald aber erreichte er den Platz, wo die Indianer
drei verschiedene Richtungen eingeschlagen hatten, und da

stand er rathlos und wußte nicht, wohin er sich wenden
solle.

Es war ein schrecklicher Anblick, den alten Mann
zu sehen, wie er in Verzweiflung bald die eine, bald die
andere Spur betrachtete, und wie ihm bald die Thränen
über die braunen Wangen rollten, und er dann wieder
in wilder Wuth seiner Brust durch Flüche und Ver=
wünschungen Luft machte.

Er war abgestiegen, und untersuchte nun die ver=
schiedenen Fährten mit großer Sorgfalt, um an dem
tiefen Eintritt des Hufes zu erkennen, welches Roß die
schwerste Bürde trage. Ein so guter Spurgänger der
Alte aber auch war, so irrte er sich diesmal doch, denn
seine Entscheidung fiel auf das Pferd des Indianers
Kenos.

Kaum war er darüber mit sich einig geworden, so
saß er wieder im Sattel, und folgte mit möglichster Eile
den beiden Wilden, die links geritten waren, über die
steinigen Höhen, auf welchen er die Huftritte der Pferde
immer weniger erkennen konnte. Plötzlich führten dieselben
in ein Gebirgswasser, welches schäumend und brausend
zwischen losem Steingeröll hintobte, und auf dessen beiden
Ufern meilenwegs keine Möglichkeit vorhanden war, einen
Huftritt erkennen zu können.

Da stand Warrock abermals, und wußte nicht, wo

hin sich wenden, die Sonne hatte schon lange ihren Höhepunkt überschritten, und es war kaum noch möglich, die Niederlassung vor Einbruch der Nacht zu erreichen. Zurück mußte Warrock jedenfalls reiten, denn die Spuren der Indianer waren unauffindbar verschwunden, und so wandte er sein müdes Pferd.

Als er mit seinen Begleitern auf dem Platze an= langte, wo die Spuren sich getheilt hatten, war die Sonne schon den Gebirgen sehr nahe gekommen, und was konnte es auch helfen, jetzt noch einer der beiden andern Fährten zu folgen, hatten die Reiter doch einen so weiten Vor= sprung, daß nicht daran zu denken war, sie einzuholen. Schweren Hoffnungsleeren Herzens entschloß sich der unglückliche Vater endlich, die unnütze Verfolgung aufzu= geben und nach Hause zu reiten.

Es war spät in der Nacht, als er sich seiner Wohnung nahte, und seine arme Frau ihm weinend ent= gegenkam: ach, Hoffnung hatte sie nicht gehabt, aber ihr großes Unglück von Neuem bestätigt zu sehen, steigerte den schon vorhandenen Schmerz. Sie brach wieder in lautem Wehklagen in wimmernden Jammer aus, und Warrock stimmte nun mit ein.

Seine herkulische Natur war durch den ungeheuern Schmerz, durch die Hoffnungslosigkeit besiegt und ergab sich kraftlos in das Schicksal.

Es war ein entsetzliches, ein herzzerreißendes Bild, diesen kräftigen, riesigen Mann zusammengesunken, das Gesicht mit den Händen bedeckt, sitzen zu sehen, wie sein kolossaler Körper unter Schluchzen und Stöhnen zuckte und bebte. Das Unglück war zu groß, zu betäubend, als daß er hätte überlegen und bedenken können, was nun zu thun, und ob es nicht doch noch Mittel und Wege gäbe, die ihm Hoffnung zeigen könnten.

Schon eine Stunde früher, als Warrock sein Haus erreichte, hatte Paneo hoch oben in den Gebirgen sein Pferd angehalten, um Lydia hier während der Nacht ruhen zu lassen.

Es war an einem jener seltsamen, in diesen Bergen nicht ungewöhnlichen Gewässer, die als kleiner, kaum zehn Fuß breiter Teich in dem nackten Felsen stehen, keinen sichtbaren Ab- und Zufluß haben, und doch wie Krystall so klar und wie Eis so kalt sind, wo Paneo unter einer dichten Gruppe von blühenden Jucca's seine weiche, lockige Büffelhaut für Lydia ausbreitete.

Salhachi hatte schnell ein Feuer angezündet, dessen rothes Flammenlicht die schneeig weißen, zwanzig Fuß hohen Blüthen der Jucca's vor dem dunklen Sternenhimmel hell beleuchtete und sich auf dem kleinen Kreis des klaren stillen Wassers spiegelte, während sein Schein schon in kurzer Entfernung um den Lagerplatz von der dichten Finsterniß verschlungen wurde.

Nun ruhe Dich und stärke Dich zu großer Anstrengung, Du weiße Himmelsblüthe, sagte Paneo zu Lydia, indem er sich vor ihr auf dem Ende der Büffelhaut niederließ, der Augenblick, der über Deine Rettung entscheiden soll, ist nahe, der große Geist gebe Paneo Kraft genug, für Dich den Sieg davon zu tragen.

Dann wandte er sich zu Salhachi, und rief ihm zu: Laß uns bald schlafen gehen, damit wir Morgen weit reiten können.

Darauf bereitete er schnell das letzte frische Stück Wildpret, welches er mit sich führte, für Lydia, und begnügte sich selbst mit getrocknetem und zu Pulver zerriebenem Büffelfleisch, welches er in einem ledernen Beutel am Sattel trug.

Während er Lydia nun bediente und zugleich sein karges Abendbrod zu sich nahm, glühte sein dunkles Auge oft nach Salhachi hinüber, wie wenn am nächtlichen Tropenhimmel die Blitze eines fernen Gewitters emporschießen; doch saß er schweigend und theilnahmlos da, als ob er nur auf den Augenblick warte, wo er sich dem Schlafe in die Arme werfen könne.

Salhachi hatte bald sein Abendessen beendet, ging dann nochmals zu den unweit auf einer kleinen Gras fläche weidenden Pferden, und sagte, nach dem Feuer zurückkehrend zu Paneo:

Die Pferde grasen noch, sie werden uns Morgen weit tragen können.

Paneo aber gab ihm keine Antwort, er war zu Lydia's Füßen niedergesunken, und schien schon eingeschlafen zu sein.

Salhachi wandte seinen Blick von ihm ab, legte seinen Sattel unter die beim Feuer ausgebreitete Büffelhaut, streckte sich auf ihr hin und schloß die Augen.

Eine Todtenstille lag auf der Gegend, nur in den nahen tiefen Thälern ertönten von Zeit zu Zeit die Laute nächtlichen Lebens der Thierwelt, und in den Kronen der Juccas, unter welchen Lydia ruhte, säuselte der leichte Wind, der die laue Nachtluft wohlthuend kühlte.

Bald nachdem Salhachi sich niedergelegt hatte, spiegelte sich die ersterbende Flamme des Lagerfeuers in Lydia's großen Augen, sie hatte sich leise aufgesetzt, und schaute auf den Wilden beim Feuer und dann auf den Freund, den schönen Jüngling zu ihren Füßen. Von ihm aber hob sich ihr Blick zu den funkelnden Sternen empor, sie faltete ihre Hände, und ihr heißestes, inbrünstigstes Gebet zu dem Allmächtigen aufsendend, fielen ihre Thränen im Feuerschein wie Diamanten glänzend in ihren Schooß.

Da erhob Paneo seinen Kopf, schaute nach seinem Gefährten am Feuer hin, und setzte sich langsam auf, er hielt aber seinen Blick unbeweglich auf den Schläfer geheftet, als lausche er dessen Athemzügen.

Nach einer Weile jedoch nickte er mit dem Kopfe, als habe er sich von dem festen Schlafe des Indianers überzeugt, und wandte sich nun nach Lydia um.

Wie in freudigem Schreck begegnete er ihren Augen, und sagte mit leiser, zitternder Stimme:

O, Du Lilie der Nacht, Du Stern aller Sterne, wie macht Dein Blick die Seele Deines Sclaven erbeben!

Dann sah er sich rasch nochmals nach Salhachi um, und hob sich nun auf seinen Händen an die Seite Lydia's hinauf.

Höre, Du Himmelsblume, fuhr er dann flüsternd zu Lydia fort, der Augenblick, wo Paneo für Deine Rettung kämpfen wird, ist nahe, darum erschrick nicht, wenn er plötzlich dem Panther gleicht, der auf seinen Beute stürzt, um sie zu würgen. Bete zu Deinem Gott, auf daß Dein Sclave den Sieg für Dich erringen möge.

Was willst Du thun, Paneo? entgegnete Lydia,

ängstlich nach dem Schläfer am Feuer hinschauend, der nur noch matt von der Kohlengluth beleuchtet wurde, was willst Du thun? Du erschreckst mich.

Zweifle nicht an Paneo, Du weißt es, Du Zauber= bild, er kann nicht meuchlings tödten, könnte selbst seinen Todtfeind nicht im Schlafe morden; Dich aber muß er retten, und kostete es ihm sein Leben. Darum sei ruhig und bete zu Deinem Gott, er ist ja mächtiger, als der Gott der rothen Kinder.

Ach Paneo, wenn Dir ein Leids geschähe! sagte Lydia mit beklommener Stimme, und legte ihre schneeige Hand auf den kräftigen Arm des Jünglings.

Nein, nein, schönes Mädchen, dieses Wort von Dir und die Thräne in Deinen Wunderaugen macht ihn zum Riesen, jetzt könnte er zehn Männer wie jenen dort am Feuer bezwingen, antwortete Paneo, von Glück stürmisch bewegt, ergriff Lydia's Hand, und senkte er= bebend seine Lippen darauf. So blieb er lange Zeit, wie in Seligkeit ersterbend, bei der Jungfrau liegen, diese aber, ihm ihre Hand lassend, neigte ihr Haupt über den Jüngling, und ihre Thränen fielen auf seine Wangen nieder.

Drittes Capitel.

Da stieg der Mond hell und glänzend über den Bergen auf, und warf sein Silberlicht über das schweigend tief bewegte Paar.

Die Zeit ist da, sagte Paneo, sich plötzlich aufrichtend, indem er nach der leuchtenden Scheibe des Mondes schaute, deren Licht jetzt die Finsterniß vor sich hin über Berg und Thal trieb, Paneo ist stark! Dein gutes Wort und Deine Thräne hat ihm Kraft in die Glieder gegossen, er wird siegen!

Mit diesen Worten richtete er sich hoch auf und schaute nach dem Schläfer hin. Doch wieder wandte er sich zu Lydia zurück, sah sie mit flehendem Ausdruck an, neigte sich zu ihr hinab, und drückte abermals seine Lippen, wie zum Abschied, auf ihre Hand.

Jetzt aber richtete er sich, eine ganz andere Er-

scheinung, empor, er stand zu seiner vollen Größe auf-
gerichtet da, jede Sehne, jede Muskel an seinem schönen
Körper war gespannt, seine großen dunkeln Augen
schienen nach dem Schläfer hin Feuer zu sprühen, und
mit hastiger entschlossener Bewegung löste er in wenigen
Augenblicken die Flechten seines glänzenden, schwarzen
Haars, so daß es wild um seinen Nacken und
Schultern hing.

Darauf warf er sein Messer aus seinem Gürtel
auf Lydia's Lager, nahm den langen Lederstrick von seinem
Sattel, trat zu dem schlafenden Indianer hin, und
sagte, indem er ihn bei der Schulter rüttelte und zugleich
mit der Linken das Messer, welches derselbe im Gürtel
trug, von ihm nahm, und es nach dem Lager Lydia's
warf:

Steh auf, Salhachi, Paneo fordert Dich zum
Kampfe, um den Besitz des schönen, weißen Mädchens!

Im Augenblick schoß der Indianer von seiner
Büffelhaut auf, und rief seinen Gefährten verwundert
anschauend:

Was sagst Du, Paneo — ich soll mit Dir um
das Mädchen kämpfen? Das Mädchen gehört weder
mir, noch Dir, es ist für unsern Häuptling, für
Kateumsi, bestimmt, und ihm sollst Du es wohl nicht
streitig machen.

Ihm und jedem Andern wird Paneo es streitig machen. Er hätte Dir im Schlaf das Messer ins Herz stoßen können, er will aber keine Waffe gegen Dich ziehen, er will Dein Blut nicht vergießen, mit diesem Strick will er Dich binden, damit Du ihn nicht daran verhindern kannst, mit dem Mädchen zu fliehen; dort liegen unsre Messer.

Knabe, der Du bist! antwortete Salhachi verächtlich, die weiße Haut des Mädchens hat Deine Sinne verwirrt, sei jetzt vernünftig, oder Salhachi wird Dich auf Dein Pferd binden und Dich unserm Häuptling bringen, damit er Dir den Leib aufschlitzt, und Dich von dem Gewürm des Waldes verzehren läßt.

Statt einer Antwort aber sprang Paneo, den Strick bei sich niederwerfend, mit Blitzes Schnelle auf Salhachi ein, schlug seine Arme um dessen Leib, hob ihn schwebend in die Höhe, und warf ihn mit solcher Kraft zu Boden, daß derselbe einen gellenden Schmerzensschrei ausstieß. Salhachi aber riß ihn mit sich nieder, umklammerte ihn mit den Armen, schnellte sich mit ihm empor und suchte sich auf ihn zu schwingen.

Wie zwei Schlangen rangen und wanden sich die beiden Kämpfer, und rollten sich dem Lager Lydia's näher, bald war der eine, bald der andere oben, und immer schlossen sich ihre Arme so fest um ihre nackten

Körper, daß sie einander den Athem aus der Brust zu zwängen schienen. Doch kein Wort, kein Laut kam über ihre Lippen, bis sie in ihrem verzweifelten Kampfe nur noch wenige Fuß von dem Lager Lydia's entfernt waren, da hatte Salhachi abermals die Oberhand über seinen jungen Gegner errungen, und schrie, einen Blick nach den blitzenden Messern werfend, mit wüthender Stimme:

Jetzt, Bube, kostet es Dich Deinen Scalp!

Er kniecte auf Paneo's Brust, hielt mit seiner Linken dessen Hals umklammert, und streckte seine Rechte nach dem Messer aus, als die zu Tode geängstigte Lydia zu ihm hinschoß, ihm zuvorkam, und beide Messer von ihm wegraffte.

In demselben Augenblick aber warf ihn Paneo von sich zur Seite, sprang mit dem Knie auf seine Brust, und rief Lydia zu, ihm den Lederstrick zu reichen.

Salhachi's Kräfte schwanden, doch Paneo's Muskeln waren noch fest gespannt, mit hell funkelndem Blick sah er nach Lydia auf, ergriff das Ende des Stricks, und wand es zu einer Schlinge um seines Gegners Arm. Im nächsten Augenblick hatte er es auch um den andern Arm desselben geschlungen, und band beide nun mit den Ellenbogen auf Salhachi's Rücken so fest zusammen, daß derselbe jeder Bewegung damit beraubt war.

Vor Wuth schäumend, suchte sich der Besiegte noch mit den Füßen zu vertheidigen, doch Paneo fesselte dieselben mit leichterer Mühe, und trat nun gleichfalls erschöpft von ihm zurück, indem er sagte:

Du bist besiegt, Salhachi, das Mädchen ist mein. Ergieb Dich nun in Dein Schicksal, Paneo wird Dir Nichts zu Leide thun.

Dann aber sank er ermattet auf das Lager Lydia's hin, und diese knieete neben ihm nieder, indem sie seine Hand ergriff, sie an ihre Lippen hob, und sie mit ihren Thränen benetzte.

Gott, der Allmächtige ist uns gnädig gewesen und hat Dir beigestanden, den Mann zu besiegen — Du guter Paneo, wird es jemals in meiner Macht liegen, Dir zu danken? sagte sie nach einer Weile von der ausgestandenen Angst sich erholend, und sich der vollen Hoffnung wieder hingebend.

Welchen Dank kannst Du Paneo, dem armen Indianer, wohl noch geben, außer Deinem süßen Wort, Deinem Himmelsblick und Deiner Thräne, antwortete der Jüngling mit matter Stimme, und zog die Hand des Mädchens an sein Herz, und ist dieser Dank nicht tausendmal mehr werth, als Alles, was Paneo für

Dich thut, giebt er ihm nicht tausendmal mehr Glück, als er in den ewigen Jagdgründen seiner Väter einst zu finden hofft?

Und doch möchte ich Dir danken, möchte es Dir durch die That zeigen, wie gern ich meine Schuld an Dich abtragen würde, wenn es in meiner Macht stände — Du bist so gut, Paneo, fuhr Lydia fort, ach, und um meinetwillen hast Du Dein Leben gewagt und bist nun so erschöpft! Soll ich Dir einen Trunk holen.

Ja, schönes Mädchen, er wird mich stärken, doch sage mir erst Deinen Namen, damit ich weiß, wie ich das Schönste, das Lieblichste auf Erden zu nennen habe, antwortete der Jüngling und sah bittend zu der Jungfrau auf.

Lydia ist mein Name, entgegnete dieselbe leise, und fügte mit liebevollem Blick noch hinzu: wirst Du ihn nicht vergessen?

Dann müßte ich meine eigne Seele vergessen, die in Deinem Anblick erglühte, wie die eisigen Höhen der Berge in dem Lichte der Sonne, antwortete Paneo tief bewegt, und preßte Lydia's Hand abermals an sein Herz.

Und eben so wenig werde ich Deinen Namen vergessen, Paneo, ich werde ihn immer in meinen Gebeten nennen, sagte Lydia, erhob sich nun schnell, nahm das

Trinkhorn und eilte damit am Ufer des Baches hinab.

Hier, bester Paneo, trink, Deine dankbare Lydia reicht Dir den Trunk, fuhr sie fort, indem sie zu dem Jüngling zurückkehrte, und ihm das gefüllte Horn hinhielt.

Dank, innigen Dank, theure Lydia, o, wie glücklich macht es Paneo, Deinen Namen auszusprechen! sagte dieser, indem er ihr das Horn abnahm, und ihr beseligt in die Augen schaute.

Dann labte er sich an dem frischen klaren Wasser, und sagte, das Gefäß zur Seite legend, mit einem tiefen Athemzug:

Mit Deinem liebevollen Wort hast Du Paneo neues Leben, mit dem Trunk neue Kraft gegeben, Du schöne Lydia, nun wird es Zeit, daß er für Deine Rettung handelt.

Dabei erhob er sich von dem Lager, schritt zu dem Sattel des gefesselten Indianers, nahm den an demselben befestigten Lederstrick davon, und eilte damit nach dem Bache. Er erweichte ihn in dem Wasser, und trug ihn dann zu Salhachi, indem er zu diesem sagte:

Paneo will Dich nun so binden, daß Du, wenn Morgen die Sonne sinkt, Dich von Deiner Fessel befreien kannst, denn er will Dich nicht verschmachten lassen.

Darauf wand er den nassen Strick um die Füße des Indianers und zog den Knoten so fest, daß keine menschliche Kraft ihn lösen konnte, befestigte die beiden Enden um dessen Leib, und verschlang sie auf dem Rücken gleichfalls unlöslich und nahm nun das Leder= seil, womit er ihn im Kampfe gebunden hatte, von seinen Gliedern.

So, Salhachi, sagte er jetzt, Deine Hände sind nun frei, und nur Deine Füße sind noch gebunden. Du bedarfst eines Messers, um den Strick zu durchschneiden, dasselbe sowie Deine sämmtlichen Waffen legt Paneo für Dich unter jene ferne Eiche dort auf der Höhe, zu welcher Du Dich Morgen auf Deinen Händen hinbe= wegen mußt; Du wirst so langsam gehen, wie die Schildkröte, und Paneo gewinnt Zeit, mit dem Mädchen weit zu entkommen.

Dann füllte er die Kürbißflasche des Gefesselten mit frischem Wasser, und legte sie mit dessen Lederbeutel, in welchem sich getrocknetes und zu Pulver geriebenes Fleisch befand, neben ihm nieder.

Salhachi aber setzte sich auf, streckte zähneknirschend die Faust nach Paneo aus, und sagte:

Kateumsi wird Dir dafür das Herz aus der Brust

reißen, und es seinen Hunden vorwerfen, und Salhachi selbst wird Dich für ihn einfangen, ehe der Mond wieder rund geworden ist.

Paneo fürchtet Kateumsi eben so wenig, wie er Dich fürchtet, nimm Dich aber in Acht, wenn Du ihn ein- fangen willst; er möchte Dir das Leben nicht zum zweiten Male schenken, antwortete der Jüngling verächtlich, nahm das Messer und die Waffen des Gebundenen, und trug sie eiligen Schrittes nach der von ihm bezeichneten Eiche, welche auf einer kahlen, steilen Höhe stand.

Bald kehrte er fliegenden Laufes zurück, eilte auf Lydia zu, und warf sich ihr mit den Worten zu Füßen:

Nun, Lydia, meine Herrin, laß Deinen treuen Sclaven das Werk vollbringen, und Dich Deinen Eltern, Deinen Freunden wiedergeben; der Mond zeigt uns den Weg.

Steh auf, steh auf mein Retter, mein guter Paneo, ich bin es, die Dir zu Füßen liegen müßte, um Dir für Deine hochherzige, edle That zu danken, antwortete das Mädchen mit bebender Stimme, und neigte sich, ihre Hände um die Schultern des Jünglings legend, zu ihm nieder, komm, Paneo, steh auf, Du bist nicht mein Sclave, Du bist mein bester, mein liebster Freund, und sollst es ewig bleiben.

So wird Paneo ewig glücklich sein, versetzte dieser

mit tiefem Athemzuge und beseligtem Blick und preßte sich erhebend, seine Lippen auf Lydia's Hand.

Dann aber sprang er fort nach den beiden Pferden, führte sie zu dem Feuer, zäumte und sattelte sie, und legte über dasjenige, welches er hierher geritten hatte, außer der Büffelhaut Salhachi's auch noch die seinige, um für Lydia einen bequemen Sitz darauf zu bereiten.

Er hob diese nun auf den Rücken des Thieres, ergriff seine Waffen, schwang sich auf das Roß seines Gefährten, und sagte, an Lydia's Seite reitend:

Der große Geist mag uns führen und schützen, und wenn die Sonne dann zum zweiten Male sinkt, so wirst Du glücklich sein.

Noch einen Blick warf er auf seinen gebundenen Gefährten, und ritt dann mit Lydia durch den Bach und nach Osten dem Thale zu.

Die Nachtluft wehte ihnen kühl und erquickend entgegen, das Mondlicht lag wie ein schimmerndes Atlasgewand über dem Gebirgslande ausgebreitet, und kein Laut unterbrach die friedliche, feierliche Ruhe, soweit das Ohr reichte. Wie athmete Lydia jetzt frei aus tiefster Brust, wie flogen ihre hoffnungsbeseelten Gedanken über die von Silberlicht duftig überhauchten Berge nach ihrer Heimath zu ihrem Vater, zu ihrer Mutter, und wie schlug ihr Herz in überwogendem Dankgefühl hoch auf für den edelmüthigen, braven Paneo, den schönen Jüngling, der vor ihr hinritt, um den sicherſten Weg für ihr Pferd zu ſuchen.

Aber ſie wollte es ihm auch lohnen, was er für ſie that, ſie wollte ihm ewig eine treue, zuverläſſige, hülfreiche Freundin ſein, und ihrer Eltern Dank, das wußte ſie ja, konnte nun und nimmer verſiegen.

Wie war er vom erſten Augenblick an ſo gut gegen ſie geweſen, wie hatte er ihr gleich Vertrauen und Hoffnung eingeflößt, und wie hatte er ſie ſo ſchonend und liebevoll behandelt, als er ſie zu ſich auf ſein Pferd nahm, um ſie den Hartherzigkeiten, den Rohheiten des Indianers Kenos zu entziehen!

Sie war ihm aber auch mit ganzer Seele gut, innig und herzlich gut dafür, und wollte ihre Schuld an ihn dadurch vermindern, daß ſie treulich für ſeine Zukunft ſorge; denn ihretwegen war er ja jetzt aus ſeinem Stamme, aus ſeinem Volke ausgeſtoßen.

Schweigend und ſorgſam vor ſich ausſpähend, ritt Paneo vor dem glücklich bewegten Mädchen hin, und wandte ſich nur von Zeit zu Zeit nach ihr um, wenn ein ſteiniger, unwegſamer Platz den Tritt der Roſſe unſicher machte, wo er ſie dann mit liebevollen Worten bat, auf ihr Pferd aufmerkſam zu ſein. Dabei hielt er ſeinen geſpannten Bogen und mehrere Pfeile zum augenblick-

lichen Gebrauch in seiner Linken, und lauschte auf jeden
auch den leisesten Ton, der zu seinen Ohren drang.

So zogen sie dahin über die sich immer mehr ab=
dachenden Höhen, ohne daß irgend ein wesentliches Hin=
derniß ihren Weg gehemmt hätte, der Mond senkte sich
auf seiner Bahn, der Himmel im Osten begann sich zu
röthen, und die fernen Eiskuppen der Cordilleren im
Westen erglühten.

Der neue Tag zieht herauf, meine einzige, theure
Freundin, hob der Jüngling, sich wieder zu Lydia
wendend, an, sein helles Licht wird Paneo's Auge noch
weiter und schärfer sehen lassen, um jede Gefahr von
Dir abzuwenden; Du darfst Dich jetzt schon ganz Deiner
Freude hingeben, bald die Herzen Deiner Lieben schlagen
zu fühlen. Nur noch ein Mal wird Paneo die Schatten
der Nacht für Dich zu durchspähen haben und für Dich
wachen, wenn Du ihm den Himmel Deiner Augen ge=
schlossen hast; alsdann zeigt ihm die Sonne den Weg
zu Deiner Heimath, und mit ihrem letzten Blick wird
sie das höchste Glück Paneo's und auch seine Thräne
sehen; denn er giebt Dich dann den Deinigen zurück,
und muß von Dir scheiden.

Nein, Paneo, Du sollst nicht von mir scheiden, Du
sollst bei uns bleiben, meine Eltern lassen Dich nicht
von sich gehen, Du kannst ja nicht zu Deinem Stamme

zurückkehren, antwortete Lydia, indem sie ihr Pferd an die Seite des Jünglings trieb und ihm ihre Hand reichte. Nimmermehr darf Dein Häuptling Dich wieder-sehen, großer Gott, er würde Dich tödten, und ich, ich, deren Du Dich in ihrer Verzweiflung annahmst, die Du vor gräßlichem Untergang bewahrtest, würde Schuld an Deinem Tode sein. Nein, nein, Paneo, Du darfst nicht von uns gehen!

Gottes Länder sind weit für den großen Schmerz Deines Sclaven, wenn Dein Blick seine Seele nicht mehr erfreut, antwortete Paneo nach einigen Augen-blicken ernsten Schweigens, er wird sein Leid wandernd den eisigen Höhen der Berge, die Du Abends erglühen siehst, klagen, er wird seine Thräne in die Quellen des Baches fallen lassen, der vor Deiner Thür vorüberfließt, damit sie es Dir durch dessen Wellen sagen, daß Paneo Deiner gedenkt, er wird es den Lüften zurufen, daß er Dein schönes Bild vor sich sieht, damit sie es Dir in Deinem Schlafe zuflüstern. Paneo, der arme Indianer, der Nichts hat, als sein Herz, der Nichts kann, als jagen, kämpfen und Dich verehren, er würde unter Euch Weißen stehen, wie ein lahmes Pferd, welches zu Nichts zu gebrauchen ist, und Du selbst würdest bald seine Werthlosigkeit fühlen. Nein, schöne Lydia, er kann, er darf nicht in Deiner Nähe bleiben.

Doch, doch, Paneo, Du mußt, Du sollst bei uns bleiben, fiel ihm Lydia bittend in das Wort, wolltest, könntest Du Deiner Freundin, Deiner dankbaren Lydia wehe thun und sie in Ungewißheit über Dein Schicksal lassen, sie, die Dich so gern glücklich und zufrieden sähe? — Nein, das kannst Du nicht, das wirst Du nicht thun. Und gefallen soll es Dir bei uns, sollst sehen, Du wirst herzliche Freundschaft und Liebe bei uns finden, und wirst zufriedener mit Deinem Leben sein, als mit dem unstäten Umherwandern ohne Heimath, ohne Ziel, ohne Etwas, was Dir lieb wurde, weil Du es Dir durch Arbeit selbst geschaffen hast. Nicht wahr, Du bleibst bei uns? O, versprich es mir, daß Du nicht von uns gehen willst!

Dabei drückte sie wieder und wieder die starke Rechte des Jünglings in ihrer kleinen Hand, und sah ihm bittend in die schwermüthigen schönen Augen.

Paneo schwieg tief ergriffen, und hielt seinen sehn- süchtigen Blick auf Lydia's milde, liebliche Züge geheftet, dann aber, sich ermannend, sagte er:

Wie kühlende Regentropfen nach langer Dürre die durstige, trockene Erde laben, so fallen Deine süßen Worte beglückend in Paneo's Herz nieder; wer aber kann die Erde vor der Gluth der Sonne schützen, wer kann Paneo's Herz vor Traurigkeit bewahren; Deine Worte sind Regentropfen, Dein Auge aber ist die Sonne — Paneo muß wandern!

Die letzten Worte sagte der Jüngling mit bebender Stimme, und Lydia schlug die Augen nieder, sie wollte ihm antworten, doch die Worte dazu konnte sie nicht finden.

So ritten sie schweigend neben einander hin, und erreichten das grüne, weite Thal, welches sie von den Bergen aus schon lange übersehen hatten, und welches wie ein durch Menschenhände angelegter und sorgsam gepflegter Park sich vor ihnen ausbreitete.

Aus der endlosen, saftig grünen Grasfläche hoben sich in malerischer Abwechselung die reizendsten Gebüsch- und Baumgruppen in üppigen Formen empor, und schmale, zum Himmel aufstrebende Waldstriche durchzogen sie in allen Richtungen und bargen in ihren dunkeln Schatten die lustig dahineilenden klaren Gewässer, die tobend und schäumend aus den Gebirgen herabgebraust waren, und nun friedlich murmelnd den Blüthenregen der sie beschattenden Bäume spielend den Flüssen zutrugen, die ihre Wogen in die smaragdgrüne Fluth des Golfs von Mexico ergießen.

Oft war der Blick auf kleine Grasflächen beschränkt, deren Blumenflor in der buntesten Farbenpracht prangte und glühte, und dann wieder öffnete sich ihm eine end-

lose Fernsicht in die duftig blauen Berge, die am östlichen
Horizont aufstiegen. Wohin sich aber der Blick auch
wandte, war das Thal mit Wild belebt, und der riesige
braungelockte Büffel, die schlanke klugäugige Antilope, der
stolz gehörnte Hirsch, das leichtfüßige, mähnenumwogte
wilde Pferd zogen in großen und kleinen Heerden sorglos
und vertraut hin und wieder, und schauten oft lange
Zeit verwundert nach Lydia und Paneo, ehe sie bei deren
Annäherung die Flucht ergriffen.

Der nächtliche Nebel rollte sich noch in leichten
durchsichtigen Wölkchen über den Grasfluren, als die
Sonne glühend am heitern Himmel aufstieg, ihr goldnes
Licht über das Thal goß und, sich auf der Perlensaat
des Thaues spiegelnd, dieselbe wie eine Decke von Brillanten
funkeln und blitzen ließ.

Paneo ritt still und in sich gekehrt vor Lydia hin,
als diese ihr Pferd wieder an seine Seite lenkte, und mit
liebevollem Ton zu ihm sagte:

Du bist nicht froh, Paneo, und solltest es doch sein,
da Du ein so gutes Werk an Deiner besten Freundin
thust. Denke nur daran, wie überselig Du meine Eltern
machen wirst, wenn Du mich ihnen zurückbringst; — es
muß Dich ja selbst beglücken.

In der Tiefe von Paneo's Herzen liegt viel Glück,
wenn auch sein Auge traurig erscheint, antwortete der

junge Wilde mit einem schwärmerisch sehnsüchtigen Blick auf seine schöne Gefährtin; der Himmel spiegelt sich auf dem Grund des Wassers klar und heiter, wenn dessen Oberfläche auch gekräuselt ist — Dein Auge ist der Himmel.

Du bist gar zu gut, bist gar zu lieb und freundlich gegen mich, und ich habe es doch durch Nichts an Dir verdient, Paneo; aber glaube es mir, ich werde es Dir danken mit Allem, was ich bin und was ich habe, ent= gegnete Lydia mit seelenvoller Herzlichkeit, nahm wieder die Hand des Jünglings in die ihrige, und fuhr noch inniger bewegt fort:

Ich kann Dich nicht so still und traurig sehen, es ist mir, als wäre ich die Ursache davon, die ich Dir ja Alles, Alles verdanke, die ja ohne Dich, ohne Deine Hülfe rettungslos verloren gewesen wäre. Komm, Paneo, sei nun froh und sieh mich freundlich an, ich bin Dir ja gut und dankbar, — ja so recht gut von ganzer Seele.

Dabei hatten sich ihre großen blauen Augen mit Thränen gefüllt, und ihr Blick ruhte bittend auf Paneo's Zügen, als wolle sie ihm eine freundliche zufriedene Antwort in den Mund legen.

Paneo zuckte zusammen, seine Augen flammten wie in Seligkeit auf, und bebend ihre Hand an seine Lippen hebend, sagte er:

O, Du Wunderblume, warum ist Deine Haut so
weiß und Dein Auge so blau, warum ist Deine Stimme
so lieblich und Dein Wort so süß, und warum ist Paneo
ein armer Indianer!

Darauf ließ er ihre Hand sinken, und eine Thräne
entfiel seinen Augen.

Unsre Pferde gehen zu langsam, sagte er dann mit
erzwungener Ruhe, Paneo sehnt sich nach dem Augenblick,
wo er Dich ganz glücklich sehen wird.

Und so trieb er sein Roß vor Lydia hin zu größerer
Eile an, und diese folgte, ihren wehmüthigen thränenfeuchten Blick auf ihn heftend, seiner Spur.

Die Sonne stieg höher und höher, und ihre Strahlen
brannten immer heißer auf die Reitenden nieder, da hielt
der Indianer an einem kühlen Bache sein Pferd an,
sprang auf das Ufer, und brach eine Anzahl riesig großer
Blätter aus den Pflanzen, die über das Wasser hingen.
Dann schnitt er einen schlanken Stock zurecht, band die
Blätter mittelst eines Lederstreifens an dessen Spitze und
verfertigte mit unglaublicher Schnelle und Geschicklichkeit
einen großen Sonnenschirm, den er Lydia freundlich mit
den Worten reichte.

Die schönsten, zartesten Blumen blühen im Schatten,
weil sie die Strahlen der Sonne, in denen ihr Haupt
ermattet, nicht ertragen können; nimm den Schatten mit

Dir, Du schöne Blume, damit die Lilienfarbe Deiner Haut sich nicht trübe und Dein liebliches goldgelocktes Haupt nicht ermüde.

Ich danke Dir herzinnig, bester Paneo, Du bist ja zu, zu gut, entgegnete Lydia freudig, indem sie den Schirm lächelnd über sich hob, eigentlich aber sollte ich ihn nicht gebrauchen, damit meine Haut der Deinigen, die ich so gern sehe, ähnlicher würde; denn ja nur in der Hautfarbe ist ein Unterschied zwischen Dir und den Weißen, und es fragt sich noch sehr, welche die schönste ist. Ich finde Deine eben so schön, wie die meinige.

Was ist das Schönste wohl im Lande — sind es nicht die schneeigen Höhen der Gebirge, und was ist lieblicher, als wenn der Morgen sie röthet? antwortete der Jüngling, indem er freudig zu Lydia aufschaute, auf deren Wange ein leichter Purpurhauch erglühte.

Ja schöner, viel schöner noch bist Du, Du bist die Lilie und Rose zugleich, Du bist das Schönste, das Lieblichste im Lande, rief Paneo jetzt sehr bewegt aus, und preßte beide Hände auf sein Herz.

Dann sprang er wieder auf sein Roß, und sagte:

Nun laß uns eilen, denn Morgen, wenn die Sonne sinkt, will Paneo Deine Freudenthränen sehen!

Hin und her zwischen den Baum- und Gebüsch- gruppen trieb er nun sein Pferd auf schmalen Büffel-

pfaden vor Lydia hin, und diese folgte ihm unter dem
Schutze des großen Sonnenschirms eilig nach, bis die
Sonne ihre Höhe erreicht hatte, und die Mittagsgluth
die Reisenden und ihre Thiere nach Ruhe und Erholung
verlangen ließ. Dann lenkte der Indianer sein Pferd in
den kühlen Schatten uralter Lebenseichen, deren dichtes
Laubdach einen zwischen ihren Riesenwurzeln hell und
klar hervorsprudelnden Quell nach allen Seiten hin vor
der Sonne schützte und hob dort seine schöne Gefährtin
von ihrem Roß.

Schnell hatte er die Büffelhäute für sie in dem
üppigen Gras neben dem Quell ausgebreitet, und sagte
dann liebevoll zu ihr:

Nun ruhe Dich und sammle neue Kräfte, Paneo
muß Dich, ehe die Sonne sinkt, noch über ein weites
Land bis zu dem Ufer der brausenden Leone führen, in
deren reinem Spiegel Du sehen kannst, wie schön
Du bist.

Dabei hatte er Lydia zu der Büffelhaut geleitet,
und diese sank mit innigem dankbarem Lächeln auf dieselbe
nieder.

Jetzt schließe Deine blauen Himmelsaugen und
laß den Gott des Schlafes Deine Seele in die süßesten
Träume wiegen, Paneo bleibt Dir nahe, sein Pfeil soll
ein Stück Wild erlegen, damit er von dessen bestem

Fleiſch Dein Abendeſſen zubereiten kann, fuhr der Jüngling mit Innigkeit fort, reichte Lydia noch einen Trunk
aus dem kalten Quell, und eilte dann leichten unhör-
baren Schrittes fort dem nächſten Waldſtreifen zu.

———————

Viertes Capitel.

Nach kurzer Zeit kehrte Paneo eben so schwebenden Trittes mit einem mächtigen wilden Truthahn auf der Schulter und einem, mit süßen Früchten des Waldes gefüllten großen Blatt in der Hand zu dem Lager zurück, und nahete sich Lydia vorsichtig und lautlos; sie war eingeschlummert, und ruhte ihr engelschönes Haupt auf dem Sattel, welchen Paneo zu diesem Zweck unter die Büffelhaut geschoben hatte.

Regungslos und wie festgezaubert blieb der Jüngling einige Zeit vor den Schlafenden stehen, und hielt seinen liebeschmachtenden Blick auf sie geheftet, dann legte er leise den großen Vogel und die Früchte in das Gras, ließ sich neben Lydia auf seine Kniee nieder, und versank seine Hände faltend, wie im Gebet in ihrem Anblick.

Wie schlummerte sie so sanft, so ruhig, welch

glücklicher Friede schwebte mit dem wonnigen Lächeln um ihre granatrothen, fein geschnittenen Lippen, und wie sonnig, wie wunderbar reizend war ihr Haupt von der blonden Lockenfülle, die geringelt um dasselbe auf der dunkeln Büffelhaut lag, eingerahmt! Es war Paneo, als dächte Lydia seiner freundlich in ihrem Traume, und näher und näher neigte er seinen Mund zu ihrer kleinen schneeigen Hand, bis seine Lippen sie berührten.

Dann erhob er sich ebenso vorsichtig, warf noch einen beseligten Blick auf die schöne Schläferin, und glitt nun von ihr hinweg an die andere Seite der Baum= gruppe, wo er die prächtigsten Blumen pflückte.

Noch ruhte Lydia in sanftem Schlummer, als Paneo zu ihr zurückkehrte. Mit überwogendem Glück auf seinen edlen jugendlichen Zügen kniete er sich wieder neben ihr in das Gras, legte einen Franz von blauen Blumen um ihr Haupt, einen Strauß von brennend rothen Granatblüthen in ihre offne Hand, und schob eine weiße Lilie vor ihrem Busen in ihr Gewand. Nun stand er auf, trat einen Schritt zurück, und blieb, seinen Blick auf sie gerichtet, regungslos vor ihr stehen. Es lag ein hohes Glück auf seinen Zügen, und doch sah Leid und Schwermuth aus seinen dunkeln Augen hervor.

Da erwachte Lydia, und ihr erster Blick begegnete dem des Jünglings.

O, Du guter Paneo, Du bester Freund! sagte sie überrascht und liebreich zu ihm, als sie die Blumen gewahrte, und reichte ihm ihre Hand, er aber ergriff dieselbe auf seine Kniee sinkend, preßte seine Lippen inbrünstig darauf, und sagte mit aufglänzendem Blick:

Paneo wollte Dich schmücken, Deine Augen aber beschämen die blauen Blumen, Deine Lippen lassen die Granatblüthen verbleichen, und das Weiß der Lilie trübt sich vor der Farbe Deiner Haut; die Natur hat Dich zu schön geschmückt!

Dann aber nahm sein Auge wieder den wehmüthigen Ausdruck an, und sich erhebend, sagte er:

Paneo hat Dir süße Früchte mitgebracht, labe Dich daran, und wenn Du Dich gestärkt hast, laß uns weiterziehen, unser Nachtlager an der Leone liegt weit von hier.

Lydia nahm mit Worten innigsten Dankes die Früchte aus des Jünglings Hand, hieß ihn, sich neben ihr niedersetzen, und beredete nun den Augenblick, wo sie ihre Eltern wiedersehen würde. Sie malte ihm die Seligkeit ihres Vaters, ihrer Mutter und ihre eigne mit so lebendigen, so sehnsüchtigen Worten aus, daß Paneo sie wiederholt unterbrach, und begeistert ausrief:

Ja, Paneo wird sehr glücklich sein!

Nur noch kurze Zeit verweilten sie in dem wohlthuenden Schatten an dem kühlen Quell, dann hob der

Indianer seine Schutzbefohlene auf ihr Roß, schwang sich auf das seinige, und abermals zogen sie in dem grünen Thale dahin, Lydia beschattet durch den großen Sonnenschirm, den der Jüngling für sie verfertigt hatte.

Die Sonne war versunken, der Himmel strahlte in Purpur und Gold über den Cordilleren, und deren Eiskuppen glühten und blitzten wie Edelgestein, als die beiden Wandernden sich dem hohen Urwald naheten, der die Leone beschattete, und das Düster der hereinbrechenden Nacht zitterte über die Erde, als sie eine Baumgruppe erreichten, welche unmittelbar an dem Flusse stand, während der Wald hier das jenseitige Ufer krönte.

Es mußten sich in den Gebirgen schwere Gewitter entladen haben, denn die Leone war sehr angeschwollen, hatte die jenseitige, tiefer liegende Uferbank überstiegen, und stürzte ihre schäumenden Wogen so wild und tobend durch den Wald dahin, daß deren Gischt hoch an den Riesenstämmen der Bäume emporspritzte.

Paneo's erster Blick nach dem aufgeregten Element erfüllte ihn mit Schrecken, denn er erkannte sogleich die Unmöglichkeit, den Fluß hier zu kreuzen, und wenn er es auch wußte, daß solche Anschwellungen immer nur von kurzer Dauer waren, so mußte er doch fürchten, daß er während des folgenden Tages durch das hohe Wasser hier zurückgehalten werden würde.

Der Sturmgott ist in den Bergen thätig gewesen und hat diese Fluthen über sie gegossen, sagte er mit kleinlauter Stimme zu Lydia, Paneo fürchtet, daß er Dich Morgen noch nicht zu Deinen Eltern bringen kann; denn weiter hinab wird der Fluß noch mächtiger und wollten wir ihn weiter oberhalb durchreiten, so würde unser Weg auch so viel länger werden. Paneo's Herz füllt sich mit Traurigkeit.

Auch Lydia's frohe Stimmung wich für den Augen= blick rathloser Niedergeschlagenheit, und die so sehnlichst erhoffte Zeit, wo sie ihren Eltern wieder in die Arme fliegen würde, schien ihr um eine Ewigkeit hinausgerückt zu sein; doch die tiefe Betrübniß, die sich auf des edlen hülfreichen Freundes Zügen malte, that ihrem Herzen wehe, und seine Hand ergreifend, sagte sie liebevoll und ermuthigend zu ihm:

Sei nicht um meinetwillen traurig, Paneo, Gott ist uns ja bis hierher so gnädig gewesen, er wird uns auch ferner beistehen, und wenn es sein Wille ist, daß ich Morgen meine Lieben noch nicht wiedersehen soll, so füge ich mich in seinen Beschluß; habe ich Dich, meinen Retter, meine Stütze, meinen guten Paneo doch bei mir.

Die Züge des Wilden erheiterten sich bei den freund- lichen Worten Lydia's und ihre Hand gegen Herz drückend, sagte er:

Wenn Du Deine Traurigkeit besiegen kannst, so verlängert sich die glücklichste Zeit von Paneo's Leben, sie war ja so kurz — nur noch einen Sonnenschein sollte sie messen!

Nein, Paneo, sie soll, sie wird nicht aufhören, wenn ich sie Dir schaffen kann, fiel Lydia, als sie sah, daß sein Blick sich wieder trübte, ihm rasch in das Wort, komm, sei wieder heiter, ich bleibe gern noch länger mit Dir allein.

Dein Zauber ist stärker, als Paneo's Leid, Dein Blick läßt ihn alle Traurigkeit vergessen — o, könnte er immer Deine Stimme hören, dürfte er immer in Deine lieben Augen sehen! rief er jetzt, von seinem Gefühl übermannt aus, und streckte Lydia seine geöffneten Arme entgegen, im nächsten Augenblick aber, wie wenn sein Wille über seine Leidenschaft gesiegt habe, trat er zurück; die ihm gewohnte ernste Ruhe legte sich wieder auf seine Züge, und nach dem Ufer hinunter zeigend, sagte er:

Das Wasser ist schon im Fallen, und vielleicht kann Paneo doch Morgen schon Dein Pferd sicher durch den Fluß leiten.

Dann bereitete er schnell das Lager für Lydia, band die beiden Rosse in einiger Entfernung von dem

selben in das hohe Gras, und zündete nun das Lagerfeuer vor seiner Gefährtin an.

Die Wärme that derselben wohl, denn die Nacht
brach kühl herein, und der lange Ritt hatte sie sehr ermüdet.

Paneo beeilte sich, das Abendbrod für Lydia zu bereiten, indem er dünne Stücke von der Brust des mit-
gebrachten Truthahns abwechselnd mit Fett von demselben an einen Stock steckte, und dann vor der Kohlengluth drehte, bis das Fleisch schön braun geröstet war.

Er reichte es ihr mit seinem Messer, und während
sie es zu sich nahm, röstete er für sich selbst die Schenkel
des Vogels.

Als sie ihr Abendbrod verzehrt hatten, verkleinerte
der Wilde die Flammen des Feuers, so daß dieselben
ihr Licht nicht weiter warfen, als bis zu den beiden
Pferden, welche immer noch in dem üppigen Grase
weideten.

Es war sehr dunkel geworden, als Lydia auf ihr
Lager zurücksank und die Augen schloß, während Paneo
noch aufrecht beim Feuer saß, und bald nach der
Schläferin, bald in dem engen Lichtkreis, um sich blickte,
der ihn umgab, und der bis über den Fluß in den
Wald reichte, wo die schäumenden Wogen blendend
weiß an den dunkeln Stämmen emporspritzten.

Er schien dieselben besonders zu beobachten, und zu bemessen, wie schnell sie an Kraft verloren, oftmals aber fuhr er plötzlich herum, und lauschte in die Nacht hinaus, als ob ein anderer Ton, außer dem Brausen der Fluth sein Ohr berührt habe.

So hatte er lange Zeit gesessen, da zog er noch einen starken trocknen Baumast zu dem Feuer, legte sich nun zu Lydia's Füßen nieder, und schloß gleichfalls die Augen.

Beide mochten wohl eine Stunde lang geschlafen haben, als plötzlich ein furchtbares Stoßgeheul sie weckte, und Paneo emporspringend in dem Licht des wieder heller auflodernden Feuers sah, wie fünf Jaguare an dem einen Pferde hingen, wie dasselbe sich bäumte und dann von ihnen zu Boden gerissen wurde, während das andere Roß entsetzt seine Fessel zerbrach, und davonjagend in der Dunkelheit verschwand.

Auch Lydia war emporgesprungen, und schaute mit Angst nach den blutdürstigen Raubthieren hin, wie dieselben das Pferd mit den Krallen und Zähnen zerfleischten, da warf Paneo seinen Bogen und Köcher mit Pfeilen um Hals und Schulter, ergriff Lydia's Hand, und zog sie mit den Worten: Fort, fort, oder wir sind verloren; am Ufer hinab nach dem Flusse.

Dort streckte er seinen rechten Arm vor ihr hin, ergriff ihre rechte Hand, und sagte:

Halte Dich mit Deiner Linken an dem Bogen und Köcher fest, und lege Dich auf meinen Arm, ich führe Dich sicher auf das andre Ufer!

Und ohne ihre Antwort abzuwarten, stürzte er sich mit ihr in die Fluth, theilte mit seiner Linken die Wogen, und hielt auf seinem rechten Arm das Mädchen über ihnen empor.

Der dahin tobende Strom riß sie mit sich fort, und die Wellen warfen ihren Schaum über sie, doch der Jüngling kämpfte mit Riesenkraft gegen sie an, und strebte, seine schöne Bürde mit dem Haupt über der Fluth haltend, dem andern Ufer zu.

Paneo — ich sinke! schrie Lydia durch den Wogengischt, der über sie hinsprühte, und klammerte ihre Linke krampfhaft um den Bogen, der fest um des Jünglings Rücken hing.

Nein, nein, ich rette Dich, Lydia — halte fest! rief Paneo, und griff mit doppelter Schnelligkeit durch die Wellen.

Pfeilschnell an dem jenseitigen Ufer vorüberschießend, naheten sie sich demselben mehr und mehr, bis der Indianer einen Ast ergriff, der vor ihm in den Strom hing.

Dem großen Geist sei gedankt! rief er, indem er sich an dem Ast nach dem Baume hinzog und Lydia von seinem Arm umschlungen auf das Ufer hob, welches er jetzt unter seinem Fuße fühlte. Er trug sie rasch durch die schäumenden Wogen weiter in den Wald hinein, das Wasser wurde flacher, und bald hatte er mit seiner Bürde den trocknen Boden erreicht.

Lydia hing in dem Arme des Jünglings mit ihrem Haupt auf seiner Schulter, ihr Füße wollten sie kaum noch weiter tragen, doch er führte sie, halb schwebend dahin durch den Wald, bis er dessen nicht fernen Saum erreichte. Dort unter einer alten Kastanie ließ er sie an deren Wurzeln nieder, und sagte:

Erhole Dich, schöne Lydia, ein großes Feuer soll Dich bald erwärmen.

Dann sprang er fort in die Prairie hinaus, über deren Ferne der roth glühende Mond so eben empor-stieg.

Bald kehrte Paneo mit trocknem Mosquitoholz zurück, rieb zwei Stücke davon, bis sie in Brand ge-riethen, fachte das Feuer vor Lydia an, und trug viel trocknes Reisig darauf, so daß die Flammen hoch auf-loderten und ihre Gluth weit um sich verbreiteten.

Ermattet und erschöpft ruhte Lydia gegen den Baumstamm gelehnt, doch die Wärme belebte sie wieder, und bald konnte sie sich aufrichten und ihre Kleidung in der Feuerhitze trocknen.

Der Tod war uns sehr nahe, hub Paneo an nachdem Lydia sich wieder niedergesetzt hatte, denn sobald das Pferd von den Jaguaren getödtet, hätte der stärkste derselben die andern verjagt, und diese würden über Dich und Paneo hergefallen sein; durch das Wasser aber konnten sie unsre Spur nicht verfolgen.

Ach, Paneo, wie oft noch soll ich Dir mein Leben danken, und wie — wodurch kann ich es Dir vergelten? sagte Lydia, ihm ihre Hand hinhaltend, und bat ihn, sich neben sie nieder zu setzen.

Paneo ist in Deiner Schuld und wird es immer bleiben; denn Du hast ihm viel mehr Glück gegeben, als der arme Indianer Dir jemals schaffen kann.

Wieder und wieder stritten sie sich mit liebevollen Worten darum, wer in des Andern Schuld sei, und während dieser Zeit trug Paneo alles trockne Laub aus der Nähe zusammen, und bereitete daraus für seine geliebte Gefährtin ein weiches, warmes Lager, auf welchem sie den Rest der Nacht in ungestörtem Schlafe verbrachte.

Bei dem ersten Grauen des Morgens schoß der Indianer einen wilden Truthahn, der auf einem nicht

fernen Baume schlief, und er hatte schon von dessen
Fleisch für Lydia geröstet, als diese erwachte.

Panco kann Dich heute nun nicht nach Deiner
Wohnung führen, Du würdest sie zu Fuße erst in drei
Tagen erreichen, hub der Jüngling an, auch würde
Dich der Weg über die offne Prairie in der Sonnen-
gluth sehr ermatten. Den Weg aber hier am Walde
hin, in dem die Leone fließt, kannst Du leichter gehen,
und noch viel früher, als die Sonne sinkt, wird Dich
Panco zu einem weißen Manne führen, der schon an
diesem Flusse wohnte, als dies ganze Land noch den
rothen Kindern gehörte; sein Name ist Armand.

Armand? rief Lydia jauchzend aus — Armand?
o, ja, führe mich zu ihm, er ist unser bester Freund!

Um diese Zeit saß der alte Warrock in seinem
Hause vor dem Kamin, und schnallte seine Sporen an.

Gott gebe, daß ich Armand zu Hause treffe; denn
er bleibt manchmal Wochen lang auf der Jagd, ohne
in sein Fort zurückzukehren, sagte er zu seiner Frau,
indem er über sein Knie gebeugt, den Sporenriemen
anzog, und zu jener aufschaute.

Gott gebe es, daß er Rath für uns weiß in unsrer
Noth, in unsrer Verzweiflung — ach — ich überlebe

es nicht — arme, unglückliche Lydia! seufzte Madame Warrock, und brach in Thränen aus.

Wenn die Noth am größten, ist Gott am nächsten, versetzte Warrock, und beugte sich tiefer über seinen Fuß, um die Thränen nicht sehen zu lassen, die ihm in die Augen getreten waren.

Laß den Muth nicht sinken, Weib, fuhr er dann mit erzwungen fester Stimme fort, wenn Hoffnung nicht wär, so lebt ich nicht mehr. Armand hat sich ja viele Indianerstämme befreundet, dadurch, daß er ihre Kranken heilt, und den ersten Häuptling der Comantschen hat er ja lange bei sich im Fort gehabt und ihn von schwerer Krankheit hergestellt; der Kerl soll bei ihm dick und fett geworden sein und ihm gelobt haben, Leib und Leben für ihn zu lassen.

Wer kann wohl auf das Wort eines Wilden bauen? versetzte Madam Warrock, ihre Thränen trocknend.

Sage das nicht, Frau, der Indianer hält sein Wort treuer und zeigt sich stets dankbarer, als die Weißen, wenn er sonst auch ein Ungeheuer ist, dem ich jedes einzelne Glied vom Leibe schneiden könnte, fiel Warrock ein, sprang auf, und rief, seine geballte Faust emporstreckend, sie sollen aber den alten Warrock kennen lernen, kein Mitleid wieder mit einem solchen Schurken, wo und wie er mir in die Hände fällt.

Dabei ging er schweren Schrittes durch das Zimmer, nahm die große Holzart aus der Ecke und schob sie in seinen Gürtel, ergriff seine Büchse und seinen Hut, und reichte dann seiner Frau die Hand mit den Worten;

Gott behüte Dich; sollte ich heute nicht zurückkehren, so ängstige Dich nicht, dann habe ich Armand nicht zu Hause angetroffen und warte auf seine Rückkehr; denn sprechen muß ich ihn.

Darauf legte er seinen Arm um die Frau, drückte sie an seine Brust, küßte sie, und sagte mit weicher Stimme:

Gott wird uns beistehen!

Er setzte nun seinen Filz auf sein Haupt, und schritt rasch aus dem Hause nach seinem Rappen, den ein Negerbursche so eben vorgeführt hatte.

Daß mir keiner von Euch das Haus verläßt, ehe ich zurückgekehrt bin! rief er diesem und den übrigen Sclaven zu, indem er sich in den Sattel schwang, winkte noch mit kräftiger Bewegung, doch mit wehmüthigem Blick einen Gruß nach seiner Frau hin, und stach, wie im Zorn, dem Rappen beide Sporen in die Flanken, daß derselbe mit ihm in Galopp davonsprengte.

Kaum aber hatte er den Gesichtskreis seiner Wohnung verlassen, als er die Zügel hängen ließ, in sich zusammensank, und der Rappe ihn im Schritt auf dem schmalen Büffelpfad durch die unabsehbare Grasfläche weitertrug.

Von Zeit zu Zeit jedoch, wie aus seiner Abge-spanntheit, aus seiner Ergebung in sein Schicksal plötzlich aufschreckend, stach er wieder dem edlen Roß die scharfen Eisen in die Seiten, und sprengte Meilen Wegs in Galopp dahin, als wolle er sein verlorenes Glück erjagen.

Es lag ein Gemisch von tiefster Traurigkeit, tiefstem Elend und von Zorn und verzweifelnder Wuth in dem alten Manne, als ob sein Gemüth, seine Seele mit seinem herkulischen Körper im Kampfe stehe. Wenn aber die Ausbrüche seiner Kraft vorüber waren, und sein Geist sich unter sein Schicksal beugte, dann sah man, wie sehr das Unglück auch seinen starken Körper erschüttert hatte, denn er war hager geworden, seine Wangen waren ein-gefallen, und sein lebendiger, fester Blick, sowie alle seine Bewegungen waren matt und erschlafft.

Fünftes Capitel.

Die Sonne stand im Zenith, als Warrock, an der Leone hinaufreitend, das Thal in der Prairie erreichte, an dessen anderer Seite auf dem Hügel am Flusse die aus Baumstämmen aufgeführte Festung Armand's stand.

Warrock hatte wieder seinem Roß die Zügel gelassen, und war in seinen Schmerz versunken, als er einen Mann aus dem Thor der Festung hervortreten sah, und Armand erkannte.

Wie erschrocken über seine Schlaffheit, setzte er sich hoch im Sattel auf, verkürzte die Zügel, und sprengte in fliegendem Galodp den Hügel hinan zu Armand.

Hallo, Warrock, rief dieser ihm zu, und trat ihm freudig entgegen, willkommen Alter, herzlich willkommen, ich habe wahrlich den ganzen Morgen an Sie gedacht

15 *

und mir nicht erklären können, was Sie so lange ab-
halten konnte, mich zu besuchen.

Wenn man an den Fuchs denkt, sa steht er hinter
der Hecke, antwortete Warrock mit erzwungen kräftiger
Stimme, hob sich leicht aus dem Sattel, und reichte
Armand die Hand.

Nochmals willkommen, freut mich, Sie einmal
wieder bei mir zu haben, fuhr Armand herzlich fort, ich
fürchtete schon, daß Ihnen irgend etwas Böses passirt
sei, und ehrlich gesagt, als ich Sie von jener Höhe
herab und durch das Thal so langsam und in Gedanken
versunken heranreiten sah, dachte ich, mein Gott, was ist
meinem alten Freund Warrock geschehen, daß er wie
eine Schnecke daherschleicht.

Ursache genug, um den Muth und die Lebenslust
zu verlieren, antwortete der Alte mit weinerlicher Stimme,
und that sich Gewalt an, seine Thränen zurückzuhalten.

Nun — Sie erschrecken mich, Freund — was ist
geschehen? fragte Armand rasch und theilnehmend, indem
er Warrock's Hand ergriff.

Alles ist geschehen, was mich und meine Frau elend
machen und uns in die namenloseste Verzweiflung bringen
konnte, antwortete der Alte tief erschüttert — Lydia,
unsre Lydia ist von Indianern geraubt worden!

Ein Blitz aus heiterm Himmel hätte Armand nicht

mehr erschrecken können, als diese Worte des Pionniers.

Lydia geraubt? rief er entsetzt aus, und erfaßte mit beiden Händen die Rechte des Alten.

Ja, ja, jammerte dieser jetzt, und Thränen auf Thränen rollten über seine eingefallenen Wangen.

Großer Gott, das ist ja gräßlich, sagte Armand, von ·tiefstem Mitleid ergriffen, kommen· Sie herein, Warrock, lassen Sie uns die Sache besprechen, vielleicht giebt es noch Hülfe, noch Rettung!

Dabei ergriff er den Arm des Alten, und dieser ließ sich, wie willenlos, von Armand in das Fort führen.

Einer der drei Colonisten, die hier mit Armand lebten, nahm den Zappen in Empfang, und er selbst führte den unglücklichen Freund in sein Haus, wo derselbe ihm nun den vollen Bericht über sein gräßliches Schicksal gab.

Warum sind Sie aber nicht gleich zu mir gekommen, oder warum haben Sie mir nicht sogleich einen Boten gesandt? ich hätte doch vielleicht die Spur der Räuber aufgefunden, sagte er, auf's Tiefste ergriffen, als der Alte seine Mittheilung beendet hatte.

Ich weiß es, ich hätte gleich in der Nacht zu Ihnen senden sollen, aber ich hatte ja keinen andern Gedanken mehr in meinem alten Kopf, als selbst mein Kind einzuholen und es aus den Händen der Ungeheuer zu befreien. Ich habe nun gestern meinen Neffen mit einem Brief an den Präsidenten Houston nach dem Settlement gesandt, worin ich diesen um Hülfe angefleht habe, und ich bin überzeugt, er wird sofort einen der Indianer-Agenten abschicken, um Lydia aufzusuchen und sie loszukaufen. Wird er sie aber finden, — O, lieber Gott, womit habe ich dies grenzenlose Unglück verschuldet?

Bei diesen Worten ließ der alte Mann sein Haupt auf seine Brust sinken, und weinte bitterlich.

Fassen Sie sich, Warrock, nahm Armand ermuthigend das Wort, ich weiß bessern Rath, der erste Häuptling aller Comantschen, Santa Anna, der sich nach dem mexicanischen General so genannt hat, ist mir zu großem Dank verpflichtet, ich habe ihn von einer schweren Krankheit geheilt, und er hat mir sein Leben zur Verfügung gestellt. Sie wissen, bei einem Indianer sind solche Worte nicht leere Worte, er hält, was er aus Dankbarkeit verspricht. Ich werde ihm durch den ersten Indianer, der sich hier sehen läßt, meine Bitte zusenden, mir Lydia wieder zu verschaffen, und er führt es aus, so sicher, als die Sonne jetzt scheint. Seien Sie guten Muths, alter Freund, Gott wird uns beistehen!

Dabei rüttelte er den Pionnier bei der Schulter, als wolle er ihn aus dem Schlafe wecken, und fügte noch hinzu:

Wahrscheinlich schon Morgen werde ich Gelegenheit finden, meine Bitte an Santa Anna zu senden, denn ich habe viele kranke Indianer in Behandlung, die sich von Zeit zu Zeit bei mir einfinden.

Da athmete Warrock tief auf, setzte sich gerade, strich sich mit seiner großen Hand über die thränenfeuchten Wangen, und sagte mit erzwungen fester Stimme:

Daß der alte Warrock auch noch weinen lernen mußte! Ich schäme mich ordentlich, komme ich mir doch vor, wie ein altes Weib; wenn das Herz aber blutet, geht das Auge über. Sie haben mir wieder Trost gegeben, auf Regen folgt Sonnenschein, und wer auf Gott baut, baut nicht auf Sand. Nun ist's zu Ende mit den Thränen, und habe ich mein Kind erst wieder, dann sollen Sie Ihren alten Freund auch wieder vergnügt sehen.

Jetzt trat einer der Colonisten in das Zimmer, und zeigte Armand an, daß das Essen aufgetragen sei, worauf dieser seinen Gast in das Bretterhaus führte, in welchem sich die Küche und das Speisezimmer befanden.

Armand bot Alles auf, um dem alten Freunde Hoffnung einzureden, wenn er auch selbst nur wenige für die Rettung Lydia's hegte, und so wurde der Alte auch gesprächig und gefaßt, denn alles Unglück, wenn es besprochen wird, verliert an seiner Schwere.

Nach Tisch nahm er Warrock mit sich unter die
Veranda vor seinem Hause, ließ sich den Kaffee dorthin
bringen, rauchte mit seinem Gaste selbstverfertigte Cigarren,
und wies ihm schließlich die dort befindliche Hängematte
an, um einen Nachmittagsschlaf darin zu halten.

Ich nehme es an, sagte Warrock, indem er seinen
Rock von sich warf, und in die Hängematte stieg, bei
Gott, ich reite heute nicht wieder nach Hause, ich muß
mir erst noch mehr Muth von Ihnen einreden lassen.

Dann reichte er Armand die Hand, und fügte dabei
noch hinzu:

Wenn ich zu lange schlafen sollte, so wecken Sie
mich; der Schlaf war mir ganz fremd geworden.

Armand wünschte ihm eine gute Ruhe, und ging
nun seinen Geschäften nach, die in Feld und Garten
seiner harrten.

Die Sonne neigte sich schon, als er wieder unter
die Veranda trat und seinen Freund Warrock noch
schnarchend in der Hängematte vorfand.

Hallo, Alter, der Tag geht zu Ende, rief er ihn
an, und rüttelte ihn wach, worauf Warrock sich über
die Augen wischte und, sich aufsetzend, sagte:

Gott gebe, daß es wahr werde! Habe ich doch
so lebendig von Lydia geträumt, daß ich noch jetzt meine,
sie vor mir zu sehen. Ach, mein liebes, mein gutes

Kind, werde ich Dich je wieder an mein Herz drücken
können?

Sicher, sicher, lieber Warrock, nun kommen Sie
heraus aus Ihrer Schaukel, und lassen Sie uns einen
Gang um das Fort machen; ich muß Ihnen mein Feld
und meinen Garten zeigen, auch habe ich ein Paar Fohlen
von meinem Zaar gezogen, die werden Ihnen gefallen.

Wäre ich nur erst heraus, aus dieser Schwinge,
sagte der Pionnier, und streckte die Beine seitwärts aus
der Hängematte, bekam aber das Uebergewicht, und würde
unfehlbar herausgestürzt sein, wenn Armand ihn nicht
noch zeitig erfaßt und gehalten hätte.

Was Häuschen nicht lernt, lernt Hans nimmermehr,
versetzte Warrock, sich emporrichtend, als Junge wollte
ich nie in so einem Dinge schlafen, weil ich fürchtete,
es würde mich nicht tragen, und nun bin ich zu schwer-
fällig geworden zum Voltigiren.

Darauf zündete er die Cigarre an, welche Armand
ihm reichte, schlang dessen Arm in den seinigen, und
sagte:

Nun kommen Sie her, lassen Sie uns Ihre Reich-
thümer in Augenschein nehmen, aber Eile mit Weile, wer
langsam fährt, kommt auch zum Ziel; mit Ihrem
Prairieschritt möchte ich den Kürzesten ziehen.

So schritten sie Arm in Arm zum Thor des Fortes

hinaus und um dasselbe nach dem Garten, wo Armand
seinem Freunde die neuen Gemüsearten zeigte, die er sich
aus verschiedenen Weltgegenden hatte kommen lassen.
Dann führte er ihn nach einer, von einem dicht belaubten
Baume beschatteten Bank, von wo aus man eine weite
Aussicht über das Thal an der Leone hinauf hatte, und
von wo her so eben Armand's Viehheerde, seine Maulthiere und seine Stuten mit ihren Fohlen heranzogen,
nachdem sie sämmtlich an dem Flusse, dort, wo die Furt
durch denselben führte, ihren Abendtrunk zu sich genommen
hatten.

Da kommen die Fohlen, von denen ich Ihnen sagte,
hub Armand an, und zeigte in das Thal hinab, von wo
her jetzt die Metallglocken der heranziehenden Heerde
ertönten, sie sind von ganz edlen Stuten gefallen,
zeigen aber beide besonders das Berberblut des alten
Zaar's.

Und ein besserer Gaul, als dieser, giebt es hier zu
Lande nicht, versetzte Warrock, seinen Blick nach den noch
fernen Thieren richtend, die langsam sich dem Fuße der
Höhe naheten, auf welcher das Fort stand, während noch
einige Maulthiere an dem Flusse zurückgeblieben waren,
wie es schien, um noch ein wenig von dem saftigen Gras
zu naschen, welches das dort flache Ufer bedeckte. Da
plötzlich sprangen dieselben, augenscheinlich erschreckt, von

dem Flusse zurück, schauten nochmals nach ihm hin, und jagten dann in wilder Flucht der Heerde nach.

Nun, was haben die Maulthiere vor? sagte Warrock, es hat sie irgend Etwas erschreckt, was sie im Walde an der andern Seite der Leone gesehen haben.

Was ist das? fuhr er im nächsten Augenblick fort, ein Indianer, und — ist das nicht ein Frauenzimmer, das er durch den Fluß trägt?

Allmächtiger — Lydia! schrie er plötzlich, schoß wie ein Pfeil von der Bank und durch den Garten hin, setzte mit einem Sprunge über die Einzäunung, und stürmte nun unter gellenden Freudenschreien in das Thal hinab, in welchem Lydia jetzt, von Panco gefolgt, mit fliegendem Haar und wehendem Gewand ihm entgegen eilte.

Lydia — Lydia! schrie der Alte mit bebender Stimme, indem er die letzten Sprünge bis zu ihr hin that, im nächsten Augenblick aber hatte er sie erfaßt, hob sie, wie ein kleines Kind, auf seinen Händen im Triumph empor, und rief mit zitternder Stimme: Lydia — Lydia — Gott der Allmächtige sei gelobt und gedankt!

Dann lagen sie sich schluchzend in den Armen, und ihre Thränen erstickten ihre Worte.

Panco stand unbeweglich wie angemauert da, und hielt seinen freudestrahlenden Blick auf das glückliche Paar geheftet, als habe er selbst so wie der Vater und die Tochter die Welt um sich vergessen, und theile ihre Wonne, ihre Seligkeit.

Da schritt Armand langsam zu ihnen heran, denn er wollte ihren Glücksrausch nicht unterbrechen, und auch ihm waren Thränen in die Augen getreten auch er hätte in diesem Augenblick keine Worte finden können.

Da ließ der alte Mann sein Kind aus seinen Armen, fiel, von dem Sturm seiner Gefühle überwältigt, auf die Kniee nieder, und schluchzte, seine gefalteten Hände zum Himmel erhebend:

Dank Dir, Du gnädiger, Du barmherziger Gott, Dank — ewigen Dank!

Lydia aber warf sich ihm um den Hals, bedeckte seine Wange mit Küssen und Freudenthränen, und stammelte:

Mein Vater, mein geliebter, guter Vater!

Der Alte hatte sie an seiner Brust mit sich empor-gehoben, als Armand ihm die Hand reichte, und sagte:

Sie haben auf Gott gebaut, lieber Warrock, und er hat Ihr Flehen erhört:

Und er hat mir diesen Rettungsengel zu Hülfe ge-sandt, fiel ihm Lydia in das Wort, trat, beide Hände nach Paneo ausstreckend, zu diesem hin, ergriff dessen Hand, und drückte unter Thränen ihre Lippen darauf.

Jetzt erst gewahrte Warrock den Indianerjüngling,

und in höchster Ueberraschung sah er die Liebkosungen
seiner Tochter gegen den Wilden, da wandte dieselbe sich
zu ihm hin, und sagte:

Ja, Vater, diesem braven, diesem edlen Menschen,
meinem guten Paneo, hast Du nächst Gott meine Rettung,
unser Glück, zu danken.

So komm an mein Herz, Du edler Sohn der Wildniß, Du sollst in dem alten Warrock einen dankbaren
Freund finden! rief dieser jetzt im Ueberwogen seiner
Glückseligkeit aus, stürzte auf Paneo zu, und schloß ihn
wieder und wieder in die Arme.

Paneo aber war wie vom Glück erstarrt, er sagte
Nichts, und heftete seinen freudetrunkenen Blick bald auf
Warrock, bald auf Armand, und dann immer wieder auf
Lydia.

Kommt, kommt in mein Haus, hier ist nicht der
Ort, um das Wunder aufzuklären, sagte Armand jetzt,
nahm Paneo's Arm in den seinigen, und schritt dem
Alten voran, der sein Kind umschlungen hielt.

Das Haus, welches Armand selbst bewohnte, stand
außerhalb des Fortes aber unmittelbar an dessen Holz-
mauer, hatte einen Eingang in dasselbe, und auch eine
Thür nach außen, die sich unter der Veranda vor
ihm öffnete. Auf diese führte Armand seine Gäste, und
ließ sich mit ihnen im Schein der sinkenden Sonne nieder.

Warrock hatte immer noch keinen Gedanken, keinen Blick für seine Umgebung, sein freudestrahlendes Auge hing noch immer thränenfeucht an Lydia, und sein Arm preßte sie noch bebend an sein hochschlagendes Herz. Wie sie gerettet, wie sie wieder in seinen Besitz gelangt, danach fragte er noch nicht, er hatte sie ja wieder — sein einziges Kind, sein Lebensglück war ja wieder sein eigen, und all sein Sehnen, sein Flehen, sein Wünschen war erfüllt. Er küßte und herzte sie, nannte sie seine Lydia, und stammelte dazwischen abgebrochene Worte des Dankes an den Allmächtigen hervor.

Paneo saß schweigend da, und schien nur das Glück Lydia's und des alten Mannes zu sehen, und Armand's Gedanken durchkreuzten tausend Möglichkeiten, auf welche Weise das Mädchen gerettet worden war.

Endlich brach derselbe das Schweigen, ergriff die Hand des Indianers, und sagte:

Nun erzähle aber, wie sich Alles zugetragen hat, Paneo, wie bist Du denn mit Fräulein Warrock zusammengekommen?

Paneo aber statt einer Antwort blickte ihn bittend an, als solle Armand ihm dieselbe erlassen, und schwieg.

Armand war zu gut mit dem Charakter der Indianer bekannt, er hatte zu oft die edelsten, die hochherzigsten Züge in ihnen gefunden, als daß er den Jüngling nicht verstanden hätte, er drückte ihm warm die Hand, und ließ ihn seine Anerkennung in seinem Blick lesen.

Nun aber, Fräulein Lydia, wandte er sich dann an diese, jetzt müssen Sie uns Ihre Geschichte erzählen, länger kann ich meine Neugierde unmöglich bemeistern. Und dabei ergriff er Warrock's Hand, zog sie von Lydia's Schulter zurück, und sagte:

Kommen Sie, Warrock, lassen Sie Lydia nun einmal reden, ich muß den Hergang jetzt wissen.

Ja wohl, mein Kind, erzähle, versetzte der Alte, schloß Lydia aber im nächsten Augenblick wieder mit einem Kuß die Lippen, worauf Armand sie lachend trennte, sich zwischen sie auf die Bank setzte, und sagte:

So, nun erst die Erzählung.

Da erhob sich Paneo, richtete seine großen Augen mit einem Blick seelenvollster Innigkeit aber auch tiefer Schwermuth auf das Mädchen, und wollte gehen, Lydia aber streckte die Hand nach ihm aus, und sagte bittend zu ihm:

Bleibe hier, Paneo, Du sollst es hören, was ich über Dich sage:

Armand aber deutete ihr leise an, daß es gegen das Gefühl des Indianers sei, sein Lob verkünden zu hören, Paneo ergriff Lydias Hand, drückte in heißem, innigem Kusse wie zum Abschied seine Lippen darauf, blickte ihr noch einmal wehmüthig in die Augen, und glitt lautlos von der Veranda und um das Haus davon.

Es ist einer der schönsten Züge in dem Charakter des Indianers, sagte Armand, als Paneo sich entfernt hatte, daß er für eine gute That, die er beging, einen Dank zu empfangen vermeidet.

Und einer edlern That, als die, welche ich Paneo zu danken habe, hat sich kein Weißer zu rühmen, fiel Lydia ihm in das Wort, und erzählte nun ausführlich, was sich mit ihr zugetragen hatte.

Kaum hatte sie mit ihrem Bericht geendet, als Warrock aufsprang, und im Sturm seines Dankgefühls ausrief:

Ist's möglich — solche Tugend, solche Herzensgüte in einem Wilden — wo ist er, daß ich ihn nochmals an mein Herz drücke und ihm sage, daß Alles, was ich habe, zu seiner Verfügung stehe! Er muß und soll bei mir bleiben, so wahr ich Warrock heiße!

Damit stürmte der Alte um das Haus und in das Fort — doch nirgends war Paneo zu finden, keiner der Kolonisten wollte ihn gesehen haben!

Die Nachricht von dem Verschwinden des Freundes traf Lydia wie ein Blitzstrahl, sie mußte es ja nur zu gut, daß er nicht bei ihr bleiben wollte, und nur zu gut war ihr der edle Grund dazu bekannt.

Sie sagte Nichts, doch weinte sie bitterlich, und alles Versichern Armand's daß Paneo sich wieder zeigen würde, vermochte nicht, ihren Gram, ihren Schmerz zu verscheuchen.

Die Sonne sank, Nacht legte sich immer dunkler über die Erde und Schmerz und Traurigkeit immer schwerer auf Lydias Herz; denn Paneo zeigte sich nicht wieder. Weinend sank sie auf ihr Lager, erst spät in der Nacht schloß sie, von Müdigkeit überwältigt, die Augen, und als sie am Morgen erwachte, trugen ihre Wangen noch die Spuren vergossener Thränen.

Gleich nach dem Frühstück wurde Warrock's Rappe, so wie ein Pferd Armand's für Lydia, gesattelt, denn der Alte hatte jetzt keine Ruhe mehr, er mußte seiner theuren, geliebten Frau den Jammer, die Verzweiflung aus dem Herzen nehmen, und jubelnd hob er sein Kind in den Sattel. Lydia aber konnte beim Abschied von Armand ihre Thränen nicht verbergen, die dem verschwundenen Freunde galten, und mit ihrem letzten Handdruck sagte sie, ihn bittend anschauend:

Wenn Sie Paneo wiedersehen, so sagen Sie ihm, er sollte zu seiner besten Freundin, zu seiner Lydia zurückkehren.

Und auch von mir sagen Sie ihm, daß Warrock, sein ewiger Schuldner, auf ihn warte, und daß er uns

Allen ein großes Glück vorenthalten würde, wenn er nicht zu uns käme, fiel der Alte ein, sagte dann Armand nochmals herzinniges Lebewohl, und eilte jubelnd und jauchzend mit seinem Kinde davon.

Am folgenden Morgen trat Armand, wie er es gewohnt war, bei dem ersten Grauen des Tages aus seiner Thür unter die Veranda, und groß war seine Freude und seine Ueberraschung, Paneo auf der Bank vor sich sitzen zu sehen.

Mein Himmel, Paneo, wo hast Du gesteckt, und warum hast Du Deinen Freunden nicht Lebewohl gesagt?

Paneo's Herz war schwach, antwortete der Jüngling mit wehmüthigem Tone.

Sie lassen Dir sagen, Du solltest bald zu ihnen kommen und bei ihnen leben, Sie werden Alles für Dich thun, was in ihren Kräften steht; denn sie verdanken Dir ja ihr ganzes Lebensglück, fuhr Armand fort.

Der arme Indianer giebt lieber, als daß er nimmt, entgegnete Paneo mit stolzem Blick.

Du nimmst aber kein Almosen von ihnen, Du hast es verdient, daß sie für Deine Zukunft sorgen; denn zu Deinem Stamme kannst Du ja nicht zurückkehren.

Lydia's Haut ist zu weiß, ihr Haar zu golden, ihr Auge zu blau, und die Erde ist groß genug für Paneo's

Traurigkeit, entgegnete der Jüngling mit leiderfülltem Ton, ermannte sich aber nach einigen Augenblicken, und fuhr gefaßter fort:

Paneo möchte für Dich Etwas thun, um von Dir ein Pferd zu erwerben, kann er für Dich jagen, oder Dir sonst von Nutzen sein?

Armand hatte die Werfe des Indianers in Bezug auf Lydia mit Ueberraschung vernommen und darin sofort dessen Leidenschaft für das Mädchen erkannt, auch fielen ihm sogleich Lydia's Thränen bei der Nachricht von dem Verschwinden des Jünglings und ihre Worte beim Abschied ein, er schwieg einige Augenblicke, reichte dann aber wie zu einem Entschluß gekommen, dem Jüngling die Hand, und sagte:

Du kannst mir viel nützen, wenn Du bei mir bleiben willst, Paneo, und bist mir herzlich willkommen; bleib hier und laß uns gute Freunde sein. Bei mir bist Du sicher, kannst leben, wie es Dir gefällt, und unter meinen Pferden darfst Du Dir außer meinem Schimmelhengst eines auswählen.

Der trübe Ernst der auf Paneo's Zügen lag, verschwand bei diesen Worten Armand's, es zog wie ein Sonnenblick über sein Gesicht, seine Augen glänzten auf, und die ihm gebotene Hand drückend sagte er:

Du füllst Paneo's Brust mit Freude, er wird bei

16 *

Dir bleiben und wird Dir ein guter treuer Freund sein, worauf Armand ihn als seinen Hausgenossen begrüßte und ihn nochmals seiner Freundschaft versicherte.

Dann führte er ihn bei seinen Kolonisten ein, wies ihm eine Schlafstelle an, stellte ein Pferd zu seiner Verfügung, und machte ihm vielerlei Kleinigkeiten zum Geschenk, welche ihm nützlich waren und ihm große Freude bereiteten.

Der junge Wilde lebte nun bei Armand im Fort, das heißt, er führte ein Jägerleben, blieb oft mehrere Tage abwesend, kehrte aber immer wieder zurück, und versorgte dabei die Küche reichlich mit dem besten Wildpret.

Armand sowohl, wie seine drei Kolonisten, gewannen ihn lieb, ein jeder von ihnen bestrebte sich, ihm den Aufenthalt im Fort angenehm zu machen, und Paneo dagegen zeigte ihnen täglich mehr Anhänglichkeit und Bereitwilligkeit, sich ihnen nützlich zu erweisen. Bei den Arbeiten im Garten und im Feld, die jetzt häufig drängten, reichte er ihnen hülfreiche Hand, und betheiligte sich bei Allem was die Kolonisten thaten, und zwar aus eignem Antrieb, weil es ihm selbst Freude machte.

Sechstes Capitel.

In Warrock's Haus war mit Lydia's Eintritt wieder Freude und Glück eingekehrt, und die Tage des Jammers, der Verzweiflung waren vergessen. Nur Eines lag dem biedern Elternpaar noch drückend auf dem Herzen, es war die Unmöglichkeit, dem Retter ihres Kindes, dem Schöpfer ihres Glücks ihren Dank durch die That abzustatten.

Es verging kein Tag, ohne daß des braven Panco's gedacht und ihm Lob und Ehre gespendet wurde, und immer wieder betheuerte der alte Warrock, daß er gern seine ganze Habe mit ihm theilen würde, wenn er seiner habhaft werden könnte.

Lydia aber verstummte stets, wenn von ihm die Rede war, und suchte sich unter irgend einem Vorwand zu ent-

entfernen, um ungesehen sich ihrem Schmerz, ihren Thränen hingeben zu können.

Ihren Eltern zu Liebe that sie sich Gewalt an, heiter und zufrieden zu erscheinen, sie war es aber nicht, denn Paneo fehlte ihr und kam ihr keinen Augenblick aus der Erinnerung. Wo sie ging, wo sie stand, sah sie den edlen, schönen Jüngling vor sich, mit seinem Bild vor ihrer Seele schloß sie am Abend die Augen, und ihr erster Gedanke, wenn sie erwachte, gehörte ihm.

Wie oft hatte sie schon ihren suchenden Blick zu jeder Tageszeit und nach allen Richtungen in die Umgebung der Niederlassung gesandt, in der Hoffnung, endlich der Gestalt des guten, unvergeßlichen Paneo's zu begegnen, umsonst, er war und blieb ihr fern.

Eines Abends hatte sie auch nach ihm ausgespäht und recht verlangend an ihn gedacht, hatte dann in der Nacht von ihm geträumt, und war schon beim Grauen des Morgens aufgestanden, weil es unerträglich warm in ihrem Zimmer war.

Noch glänzte hier und dort ein verbleichender Stern am wolkenlosen Himmel, als Lydia sich in das Fenster legte, und sich an der kühlen Morgenluft labend, nach dem nahen Bache hinunter schaute, dessen Rauschen mit dem Zwitschern der erwachenden Vögel zu ihrem Ohre drang.

Dort hatte Lydia sich unter den hohen Cypressen, den duftenden Magnolien und dunkeln Myrthen aus prächtig blühenden Lianen und Rankenrosen eine Laube bauen lassen, deren Schatten, von der Kühle des Wassers durchweht, ihr selbst in größter Mittagshitze einen wohlthuenden Aufenthalt boten. Es war ihr Lieblingsplatz, den sie jetzt noch häufiger besuchte, als früher, da sie sich hier recht ungestört dem Andenken an Paneo hingeben konnte.

Sie hatte eben wieder nach der Laube hinuntergeschaut, als sie es wie einen Schatten aus derselben in die Büsche gleiten sah und es ihr vorkam, als sei es die Gestalt eines Menschen gewesen.

Sie fuhr zusammen, spähte mit stockendem Athem regungslos lange Zeit nach dem Gebüsch hin, doch nicht die leiseste Bewegung konnte sie dort noch gewahren.

Wer konnte es gewesen sein? Es war noch so sehr früh, Alles in der Ansiedelung lag noch in tiefstem Schlafe! Sollten es wieder Indianer gewesen sein — sollte es vielleicht Paneo —

Es fuhr Lydia heiß durch die Seele, wäre es möglich — wäre er, der Geliebte, es gewesen?

Zurück schoß sie aus dem Fenster, warf ihren Shawl um, und glitt bebenden Fußes aus ihrem Gemach und aus dem Hause.

Vor der Thür blieb sie zögernd stehen, der Schreckens=
augenblick, in dem sie geraubt worden war, fiel ihr ein,
da sprang Sultan, ihr Hund, freudig zu ihr heran,
und alle Furcht war verschwunden.

Komm, Sultan, sagte sie, den Kopf des gewaltigen
Hundes klopfend, komm mit mir, und das Thier an
sich haltend, schritt sie entschlossen der Laube zu.

Paneo, mein guter Paneo! rief sie beim ersten
Blick, den sie in die Laube that, aus, denn auf der
Bank vor ihr lag ein großer, prächtiger Blumenstrauß.

Unter Freudenthränen ergriff sie die Blumen, drückte
ihre Lippen hinein, preßte sie gegen ihr Herz, und rief
dann mit halblauter Stimme:

Paneo — mein Paneo! doch Alles blieb still und
stumm um sie her.

Der Morgen hatte die Schläfer in der Ansiedelung
geweckt, und der alte Warrock trat in Hemdärmeln aus
der Hausthür, um nach seiner Gewohnheit aus dem
nahen Quell einen frischen Trunk zu sich zu nehmen.

Ei ei, Lydia, Herzenskind, bist Du schon auf?
rief er ihr freudig überrascht zu, und hast schon Blumen
gepflückt — was hat Dich denn so früh hinausge=
trieben?

Dabei empfing sie der Alte in seinen offnen Armen,
und herzte und küßte sie. .

Es war so heiß in meinem Zimmer, antwortete
Lydia verlegen, und drückte ihr Antlitz an ihres Vaters
Brust, um die Röthe zu verbergen, die ihr auf die
Wangen getreten war.

Die Vögel, die zu früh singen, stößt der Habicht,
sagt man wohl, fuhr Warrock scherzend fort, Du mußt
vorsichtig sein, wir haben ja eben das Unglück gehabt.

Ach, ich bin ja nicht weit gegangen, ich habe nur
in der Laube gesessen, und von da bis in das Haus
sollte mich wohl Niemand einholen, versetzte Lydia, und
fügte, auf den Hund zeigend, noch hinzu: außerdem
war ja Sultan bei mir.

Ja, ja, auf den kannst Du Dich verlassen, er
würde garstig mit Einem umgehen, der Dir nachlaufen
wollte, sagte der Alte, küßte Lydia nochmals auf die
Stirn, und diese eilte mit den Blumen nach ihrem
Zimmer.

Noch nie war Lydia ein Tag so lang erschienen,
als der heutige, und je mehr die Sonne sich neigte,
desto ungeduldiger sah sie nach ihr hin.

Früher, als gewöhnlich, ließ Lydia heute das Abendessen auftragen, da nur sie und ihre Mutter daran
Theil nahmen; denn Warrock war schon Vormittags
fortgeritten, um Land in Augenschein zu nehmen, und

Rufus Vortram hatte sich schon vor einer Stunde ent=
fernt, um einen Hirsch zu erlegen.

Beim Abendbrod war Lydia schweigsam und ge=
dankenvoll, was ihrer Mutter nicht auffiel, da sie häufig
still und in sich gekehrt erschien. Schnell war das
Mahl gehalten, Lydia küßte ihre Mutter, holte ein
Buch von ihrem Zimmer, und begab sich damit in die
Laube, durch deren hintere Rankenwand ihr das feurige
Roth des Abendhimmels entgegenglühte.

Sie ließ sich auf der Bank nieder und schlug das
Buch auf, doch sie sah nicht hinein, sie dachte an dessen
Inhalt nicht, und blickte bald rechts, bald links, bald
hinter sich durch die Schlingpflanzen.

Sollte Panco nicht in der Nähe sein — sollte der
Blumenstrauß nicht den Auftrag von ihm gehabt haben,
sein Wiederkommen ihr zu melden? dachte Lydia, und
höher wogte ihr Herz, schneller schlugen ihre Pulse, je
dunkler der Himmel erglühte. Dabei lauschte sie nach
jedem Geräusch, und der leiseste Ton, das Rasseln einer
Maus in dem Laube auf der Erde, ja der eines fallenden
Blattes ließ sie zusammenfahren.

Ach, es war getäuschte Hoffnung — Panco wollte
nicht kommen, wie weit von hier mochte er jetzt
wohl sein?

Da knackte ein trocknes Reis in dem nahen Ge=

hübſch) — Lydia's Herz ſeßte ſeine Schläge aus — die
Büſche bewegten ſich) — Himmel, es war Panco —
und im nächſten Augenblick lag der Sohn der Wildniß
dem ſchönen Mädchen zu Füßen.

Panco — mein Panco! rief Lydia mit halberſtickter
Stimme, ſchlang ihre Arme um ſeinen Nacken, zog
ihn zu ſich empor, und Herz an Herz, Lippe an Lippe
hielten die Liebenden ſich umſchlungen. Sie wußten
Beide nicht, wie es geſchehen war, ſie dachten Beide
nicht daran, was ſie thaten, was die Folgen ſein würden,
ſie hatten überhaupt keinen Gedanken mehr, ſie fühlten
nur die Seligkeit ihrer Vereinigung, und vergaßen, daß
ſie der Welt, einer Welt voll Vorurtheile angehörten.

In ihrem Glück erſterbend, ſaßen ſie lange, ehe
ſie aus ihrem Wonnerauſche erwachten und ihren hoch-
fliegenden Gefühlen Worte zu geben vermochten.

Ja, mein Panco, ich gehöre Dir und will Dein
bleiben, ſo lange mein Herz ſchlägt, flüſterte Lydia mit
bebender Stimme.

O, Du Stern aller Sterne, Du Blume aller
Blumen, wo ſoll Panco Worte finden für den Himmel,
den Du in ſeine Bruſt gegoſſen! ſagte der Jüngling
mit ebenſo leiſer Stimme, da fuhr Lydia entſeßt empor,
ſprang, Panco mit ihrem Körper deckend, in den Eingang der Laube, und ſchrie mit verzweifelter Stimme:

Halt — zurück — es ist Paneo! denn in kurzer Entfernung vor ihr stand Rufus Vortram und suchte die Büchse auf den Indianer zu richten.

Rufus aber trat zur Seite, um des Jünglings ansichtig zu werden, doch derselbe war schon durch die Rückwand der Laube in den Bach gesprungen, und hatte das andere Ufer erstiegen.

Da flog das Feuer aus Rufus Büchse, und der Donner des Schusses rollte durch das Thal, im nächsten Augenblick jedoch rief Paneo mit gewaltiger Stimme:

Lump — Dein Hut! und sein Pfeil schwirrte durch den hohen schwarzen Hut Vortrams.

Lydia's Blick aber hing an dem Geliebten, der jetzt leicht wie ein Hirsch davonsprang, in kurzer Entfernung sein Pferd erreichte, sich in den Sattel schwang, und in das Weite sprengte.

Was ist geschehen? donnerte jetzt die Stimme des alten Warrock, der vom Hause hergestürmt kam, denn er war soeben von seinem Ritt zurückgekehrt, was ist geschehen? schrie er wieder, und sprang zwischen Lydia und seinen Neffen.

Rufus hat nach Paneo geschossen, obgleich ich ihm sagte, daß er es sei, klagte das Mädchen unter einem Strom von Thränen, und im nächsten Augenblick schlug Warrock den Schützen so gewaltig auf den Backen,

daß derselbe sich im Kreise drehte und zu Boden
stürzte.

Ich will Dich lehren, nach meinem besten Freund,
nach meinem Wohlthäter, nach dem Retter meines
ganzen Lebensglücks zu schießen, Du Nichtswürdiger,
Du Taugenichts, schrie der Pionnier dann mit stürmischer
Wuth, ergriff die Büchse Vortrams, und zerschlug sie
auf dem Boden in tausend Stücke.

Rufus raffte sich taumelnd von der Erde auf, und
ergriff seinen Hut, in welchem der Pfeil stecken geblieben war.

Ist das Paneo's Pfeil? fragte der Alte jetzt weniger
stürmisch.

Ja, nachdem Rufus geschossen hatte, rief Paneo
ihm zu: Lump, Dein Hut, und schoß den Pfeil hin-
durch.

Warrock lachte hell auf, und rief nach Rufus gewandt:

Bei Gott, das sieht dem braven Paneo ähnlich,
er konnte einen Lump, wie Du es bist, nicht verächtlicher
behandeln. Nun aber kurz Gebet und lange Bratwürste,
Morgen früh sattelst Du Deinen Gaul, reitest hin,
woher Du gekommen bist, und lässest Dich nie wieder
auf dem Grund und Boden Warrock's blicken, oder er
wird Dich mit der Peitsche davon jagen.

Der Indianer und Lydia hatten sich in den Armen und küßten sich, rief Vortram aus, und trat noch einige Schritte von Warrock zurück.

Und da hast Du Dich geärgert, daß Du nicht an seiner Stelle warest — Morgen früh reitest Du auf Nimmerwiederkehren, entgegnete der Alte.

Das werde ich, doch blutige Rache schwöre ich, versetzte Rufus mit wuthbebender Stimme.

Großmaul — mit Kanonenkugeln nach Seifenblasen schießen, kannst Du, nimm Dich in Acht, daß Paneo seinen nächsten Pfeil Dir nicht durch das linke Knopf- loch sendet, sonst möchtest Du das Prahlen verlernen, sagte Warrock verächtlich, und reichte dann Lydia seine Hand mit den Worten:

Komm, mein Mädchen, gieb Dich zufrieden, dieser Nichtsnutz soll Dir nicht wieder in den Weg treten, und Paneo werde ich auffinden, um ihm unsre Schuld abzutragen.

Als am folgenden Morgen bei Tagesanbruch Armand aus seinem Hause trat, saß Paneo auf der Bank vor der Thür, und begrüßte ihn mit nieder- geschlagenem, traurigem Blick.

Was giebts, Paneo — ist Dir etwas Unangenehmes begegnet? fragte ihn Armand theilnehmend, und setzte sich wieder mit ihm auf die Bank.

Der Jüngling erzählte ihm nun wort- und that-
getreu, was sich am Abend vorher zwischen ihm, Lydia
und Rufus, dem fremden Manne, wie er ihn nannte,
zugetragen hatte, und schloß mit den Worten:

Paneo muß wandern, der arme unwissende Indianer
bleibt unter den Weißen, was ein Maulthier unter
einer Heerde edler Pferde ist.

Armand hatte Paneo aufmerksam zugehört, und
hielt sinnend noch einige Zeit nachher dessen Hand in
der seinigen, dann brach er, wie mit sich einig geworden,
das Schweigen, und sagte:

Du sollst unter der Heerde edler Pferde eines der
edelsten sein, Paneo, und Lydia soll Deine Frau werden.
Dem Indianer mußt Du Lebewohl sagen, und mußt
die Sitten und Gebräuche der Weißen, so wie deren
Wissen Dir zu eigen machen. In einer Stunde breche
ich mit Dir auf nach dem nächsten Städtchen, und
übergebe Dich dort einem Freunde, dem dortigen Geistlichen, damit er Dich zum Christen mache und Dich
in Allem unterrichte, was die Weißen wissen. Ehe das
Jahr zu Ende geht, ist Lydia Deine Frau.

Paneo hielt seinen immer höher aufglänzenden Blick
auf Armand geheftet, stürzte aber bei dessen letzten
Worten plötzlich vor ihm nieder, umklammerte seine
Kniee, und rief:

Halt ein, Deine Zunge redet mehr, als Du thun kannst und Panco wird noch elender werden, als er ohne solche Hoffnungen war! doch Armand hob ihn liebevoll auf, und sagte:

Ich halte, was ich Dir versprach, nun komm augenblicklich in mein Haus, damit ich Dein Aeußeres dem der weißen Menschen gleich mache.

Darauf führte er den Wilden in sein Zimmer, kleidete ihn aus seiner eignen Garderobe, schnitt ihm das Haar, und reichte ihm schließlich noch einen grauen Filzhut. Den Schmuck Panco's aber und dessen wenige ledernen Kleidungsstücke packte er in ein Packet zusammen, und sagte:

Diese Andenken werde ich Lydia an Eurem Hoch= zeitstag zum Geschenk machen.

Dann führte er den Jüngling vor den Spiegel, und fuhr fort:

Siehst Du nun, daß Du dieselben Rechte hast, wie wie wir Weißen? Du siehst aus, wie ein Mexikaner, und zwar wie ein sehr hübscher. Und als Mexikaner sollst Du in dem Städtchen auftreten, nur der Geistliche soll wissen, daß Du Indianer bist. Ich werde Dich als Herrn Andrado einführen, und wenn Du getauft wirst, sollst Du Armand Panco Andrado heißen.

Panco war außer sich vor Glück und Hoffnung,

sein Spiegelbild hatte ihm die Ueberzeugung gegeben, daß er im Stande sei, sich zu der Stufe eines weißen Mannes emporzuschwingen, und die Freude, der Beifall der Colonisten, als sie ihn in seiner Verwandlung sahen, bestärkte diesen seinen Glauben noch mehr.

Schon am dritten Tage nach diesem Morgen übergab Armand dem Geistlichen in dem nächsten Städtchen den Sohn der Wildniß zur Erziehung und Belehrung, und versprach Paneo beim Abschied, daß er Lydia von Geschehenem unterrichten und sie bitten wolle, das Geheimniß zu bewahren, bis Armand selbst es vor ihren Eltern enthüllen werde.

———

Der Sommer verstrich und der Herbst erreichte sein Ende, als Armand eines Morgens kurz vor Tisch bei Warrock vorritt, und sich bei ihm zum Mittagsessen anmeldete. Die Freude des Alten war groß, und jubelnd leitete er ihn in das Haus zu seiner Frau, bemerkte aber nicht, daß Armand einen freundlichen, bedeutsamen Wink nach dem Fenster hinaufwarf, aus welchem Lydia ihm ihre Grüße zuwinkte.

. Warrock führte Armand, nachdem derselbe von dessen Frau auf's Innigste empfangen worden war, zu dem Credenztische, und trank ihm einen herzlichen Willkommen zu.

Wo steckt denn Lydia? fragte der Alte dann seine Frau, und sah nach der Thür, da trat dieselbe mit glühenden Wangen und glänzendem Blick herein, und hieß Armand nun gleichfalls willkommen.

Sie entfernte sich aber bald wieder unter dem Vorwand, nach dem Essen sehen zu müssen, und nun nahm Armand dem alten Paare gegenüber an der offenen Thür Platz.

Im Laufe der Unterhaltung lenkte er bald. das Gespräch auf Lydia, und bemerkte, daß es wohl an der Zeit sei, sich ein wenig nach einem Manne für sie umzusehen, worauf Madam Warrock lächelnd erwiederte:

Nun, Lydia ist ja noch sehr jung.

Jung gefreit, hat Niemand gereut, fiel ihr Warrock in das Wort, und ich glaube, Herr Armand hat Recht. Nur fürchte ich, daß das Mädchen keine große Neigung zeigen wird, auf Vorschläge einzugehen. Ehrlich herausgesagt, ich glaube, Lydia hängt noch mit ihrem Herzen an dem Indianer, dem braven Paneo; mein Neffe, der Rufus Vortram, hat sie Arm in Arm mit ihm in der Laube dort gesehen.

Ach, Mann, wer weiß, was daran Wahres ist! bemerkte Madam Warrock schnell.

Frau, man nennt keine Kuh schwarz, oder sie hat einen schwarzen Flecken, es ist mehr, als Freundschaft gewesen, was das Mädchen für ihren Retter im Herzen trug und sicher noch trägt, und gieb Acht, wenn wir ihr mit Heirathen kommen, so stellt sie sich auf die Hinterfüße. Ich habe so meine Bemerkungen gemacht — was das Auge sieht, glaubt das Herz!

Nun, ich bin fest überzeugt, daß ich ihr einen Mann vorschlagen könnte, den sie nehmen würde, hub Armand wieder an, er ist ein junger, liebenswürdiger Mexicaner, ein Freund von mir, und ich habe große Lust, ihn gelegentlich bei Ihnen einzuführen.

Wird uns schon als Ihr Freund sehr willkommen sein, auch ohne Aussicht, einen Schwiegersohn in ihm zu erhalten, antwortete Warrock, und gefällt er dann Lydia, ist brav, und kann arbeiten, so soll er sie haben; dann wüßte ich sie doch versorgt, und könnte ruhig meinem Ende entgegen gehen.

Ich bringe ihn her, alter Freund, bald, recht bald, und Sie sollen sehen, wir feiern noch in diesem Jahre die Hochzeit, versetzte Armand, freudig lächelnd, und schüttelte dem Pionnier die Hand.

Madam Warrock hatte ihm mit wachsender Aufmerksamkeit zugehört, indem sie ihren Blick forschend auf ihn heftete, und sagte mit schlauer Miene:

Sie sind Ihrer Sache ja sehr gewiß, Herr Armand, Sie haben doch nicht etwa mit Lydia ein Complot gegen uns Alte geschmiedet? Das Mädchen lief mir so schnell wieder zur Thür hinaus.

Dabei drohte sie freundlich lächelnd mit dem Finger, und Armand gerieth sichtbarlich in Verlegenheit, antwortete aber schnell:

Bewahre, liebe Madam Warrock! Um Eines muß ich Sie aber bitten, und Sie müssen mir es fest versprechen, daß Sie Lydia nicht etwa darüber ausforschen wollen, denn es könnte unser ganzes gutes Vorhaben vereiteln und bei ihr ein Vorurtheil erzeugen. Nicht wahr, Sie versprechen es mir?

Ja, ja, ich verspreche es, erwiederte die Alte lachend, nur sollen Sie wissen, daß wir Frauen auch unsre Augen haben.

Hoho! lachte der Alte auf, das wissen wir schon lange — Weiberlist geht über alle List! Dabei nehme ich auch unsre liebe Lubby nicht aus, denn der Apfel fällt nicht weit vom Stamm, und wie die Alten sungen, so pfeifen die Jungen. Uebrigens bringen Sie uns nur Ihren Freund, lieber Armand, ein Sperling in der Hand ist mir lieber, als zehn auf dem Dache.

Bei Tisch ging es recht fröhlich zu, Warrock holte eine Flasche alten Madeira herbei, Lydia's Gesundheit wurde getrunken, und ihr Vater brachte dann auch noch die Gesundheit seines zukünftigen Schwiegersohnes aus, wobei Lydia's Wangen hoch erglühten, und sie in ihrer Verlegenheit nicht mit anstoßen wollte, doch ihr Vater rief lachend aus:

Stoß nur frisch an, Mädchen, hier hilft kein Maulspitzen, es muß gepfiffen sein.

Es war an einem Sonntag Morgen, Lydia hatte nach gewohnter Weise Alles in den Zimmern des Hauses nett und sauber geordnet, und war in den Garten gegangen, um Rosen zu schneiden und die Vasen auf dem Gesimse über dem Kamin der Wohnstube damit zu zieren, als zwei Reiter sich auf flüchtigen Pferden der Wohnung Warrock's naheten, und dieser vor das Haus trat, um zu sehen, wer die Gäste wären.

Schon beim ersten Blick nach den noch fernen Fremden erkannte er Armand, und vermuthete gleich, daß dessen Begleiter der junge Mexicaner sein würde, den er versprochen hatte, bald mitzubringen.

Bin doch neugierig, den Burschen zu sehen, sagte er vor sich hin, und rief dann nach seiner Frau in das Haus hinein, daß Armand mit dem Mexicaner komme.

Madam Warrock hatte ihre Sonntagstoilette bereits gemacht, und trat mit dem Gebetbuch in der Hand, in welchem sie so eben gelesen hatte, zu ihrem Manne vor die Thür; denn außer, daß sie Armand bewillkommnen wollte, trieb sie auch die Neugierde heraus, um den versprochenen Schwiegersohn zu sehen.

Reiten kann der Bursche, hub Warrock an, indem er seinen scharfen Blick auf die schnell nahenden Reiter heftete, er sitzt verdammt schön zu Pferde.

Und Lydia nimmt ihn doch nicht, fiel Madam Warrock ein, Du sollst sehen, ob ich nicht Recht habe; sie hat etwas Anderes im Kopfe.

Das ist ja, was auch ich sage, sie hat den Indianer, den Paneo lieb, und sie wird nicht von ihm lassen. Und was kann daraus werden — sie kann doch wahrhaftig keinen Wilden heirathen, und wenn er noch mehr für sie gethan hätte, versetzte der Pionnier, und schritt nun seinen Gästen entgegen, die jetzt auf das Haus zugesprengt kamen.

Willkommen, willkommen! rief er ihnen zu, reichte Armand zuerst die Hand, und wandte sich dann zu dessen Begleiter, indem er seinen prüfenden Blick über seine Gestalt gleiten ließ.

Hier, lieber Warrock, bringe ich Ihnen meinen Freund, Herrn Andrado, und hoffe, daß er auch Ihr Freund werden möge, sagte Armand mit einer Handbewegung nach Paneo, denn dieser war sein Begleiter.

Seien Sie mir recht herzlich willkommen, Herr

Andrado, versetzte Warrock mit freundlicher Verbeugung, und wenn Ihnen die Freundschaft eines einfachen aber ehrlichen Frontiermannes von Werth sein kann, so biete ich sie Ihnen von Herzen gern.

Dabei reichte er Paneo die Hand, und dieser sagte mit erzwungen ruhiger Stimme, indem er sich gleichfalls verbeugte:

Ich bitte um Ihre Freundschaft, Herr Warrock, und werde mich stets derselben werth zu sein bestreben.

Nun genug mit den Complimenten, nahm Warrock jetzt wieder das Wort, reichte Armand seine rechte und Paneo seine linke Hand, und führte Beide seiner Frau entgegen, die ihrer vor der Thür harrte.

Hier, Frau, ist Herr Andrado, der Freund des Herrn Armand und jetzt auch der unsrige, denn ich habe so eben Freundschaft mit ihm geschlossen, und Mann und Weib sind ein Leib, sagte Warrock, indem er Paneo seiner Frau vorstellte, die ihn freundlich begrüßte und gleichfalls ihn schnell von Kopf bis zu Fuß musterte.

Treten Sie ein, Herr Andrado, und nehmen Sie mit unsern bescheidenen häuslichen Einrichtungen vorlieb; Sie sind es wahrscheinlich besser gewohnt.

Dabei schritt sie voran in das Zimmer, und Warrock mit seinen beiden Gästen folgte ihr nach.

Er führte dieselben zuerst an den Credenztisch, hieß

sie dort mit einem kräftigen Trunk nochmals willkommen, und reichte ihnen dann Stühle, auf denen sie sich der der Thür gegenüber niederließen.

Madam Warrock war an das Fenster getreten, um nach Lydia zu schauen, welche, wie sie wußte, in den Garten gegangen war, um Blumen zu holen. Dieselbe schritt gerade dem Hause zu, und so nahm Madam Warrock die Gelegenheit wahr, und gab ihr einen Wink, schnell hereinzukommen.

Lydia beeilte ihre Schritte, sprang auf die Veranda, glitt rasch in das Zimmer, und begegnete Paneo's Blick.

Sie zuckte zusammen, ihre Augen glänzten ihm entgegen, ihre Arme öffneten sich nach ihm hin, und die Blumen fallen lassend, flog sie dem Jüngling mit dem Rufe:

Mein Paneo, mein Geliebter! an das Herz.

Warrock schoß wie eine Rakete aus seinem Stuhl in die Höhe, und starrte einen Augenblick auf die Liebenden, Glück und Freude erglänzte auf seinem Antlitz, und seine gewaltigen Arme ausbreitend, stürzte er auf sie zu, umfaßte sie Beide, und rief:

Der Allmächtige sei gelobt — was Gott zusammenfügt, das soll der Mensch nicht scheiden!

Paneo aber und Lydia wollten in Thränen der Wonne, des Glückes vergehen, und Madam Warrock war tief ergriffen herzugetreten, hatte des Jünglings und ihres Kindes Hand erfaßt, und gab ihnen mit thränengefülltem, freudigem Blick gleichfalls ihren Segen.

Dann aber ergriff Warrock die Hand Paneo's, zog ihn an seine Brust, und sagte:

Komm an mein Herz, mein Sohn, Du Retter meines Lebensglücks, und nimm mit der Liebe meines Kindes auch die meinige!

Aus der Umarmung des Alten ging Paneo in die seiner Frau über, und dann schloß ihn Armand an seine Brust, und wünschte ihm Glück und Freude.

Und Sie bester Armand, dem wir schon so Vieles zu danken haben, brachten auch dies Glück noch über uns, werden wir jemals uns erkenntlich zeigen können! sagte Warrock, ihm herzinnig die Hand schüttelnd, und fuhr dann, mehr wieder zu sich kommend, fort:

Wie haben Sie nur Alles so ausführen können?

Paneo ist ein halbes Jahr bei dem Geistlichen in der Stadt in Pension gewesen, antwortete Armand, derselbe hat ihn unterrichtet und zum Christen erzogen, und gestern hat er ihn getauft. Ich selbst war sein Pathe, er heißt Armand Paneo Andrado, und unter diesem Namen mag er Ihrem Hause Ehre und Segen bringen.

Vierzehn Tage später empfingen Paneo und Lydia den kirchlichen Segen zu ihrer ehelichen Verbindung, und endloses Glück zog mit dem ehemaligen Wilden in den Familienkreis Warrock's ein.

Ende.

Wenn in diesem Werke hin und wieder ein Buchstabe um-
gekehrt steht, so ist dies nicht durch Versehen der Buchdruckerei,
sondern durch Bestimmung des Verfassers veranlaßt.